AF331082

CODE MUNICIPAL

ou

MANUEL DES CONSEILLERS MUNICIPAUX

8° F
1/45 (5-)

OUVRAGES DU MÊME AUTEUR:

Plaidoyers de M. Ambroise Rendu.

Le Jeu, le Pari et les Marchés de Bourse.

Souvenirs de la Mobile.

Le Prêt hypothécaire.

Les Avocats d'autrefois.

Cours de Pédagogie.

L'Exposition de 1878 et les Inventeurs.

Tours, imprimerie Mazereau.

PETITE ENCYCLOPÉDIE JURIDIQUE

V

CODE MUNICIPAL

OU

MANUEL

DES

CONSEILLERS MUNICIPAUX

CONTENANT L'EXPOSÉ

DE LA LÉGISLATION MUNICIPALE ET LES SOLUTIONS PRATIQUES

DES QUESTIONS QUI PEUVENT INTÉRESSER LES COMMUNES

ET LES CONSEILLERS MUNICIPAUX

PAR

AMBROISE RENDU

Docteur en droit

Avocat à la Cour de Paris

Il faut que ceux qui écrivent sur ces matières
s'étudient à les vulgariser, à force de clarté et
de méthode, de telle sorte qu'à livre ouvert le
point douteux soit compris et rendu familier.

(LEBERQUIER).

TOME SECOND

PARIS

A. DURAND & PEDONE-LAURIEL, ÉDITEURS

Libraires de la Cour d'appel et de l'Ordre des avocats

G. PEDONE-LAURIEL, SUCCESSEUR

13, rue Soufflot, 13

1879

CHAPITRE XII

BUDGET COMMUNAL.

Sommaire alphabétique.

---

630. — La session de mai consacrée au vote du budget de la commune et à l'examen des comptes est à coup sûr la plus importante de l'année.

A cette époque sont débattues toutes les questions qui intéressent la prospérité matérielle du pays ; on ne saurait donc trop recommander aux conseillers municipaux d'y assister.

C'est à l'occasion du budget que leur initiative peut le plus utilement s'exercer, et si pendant les autres sessions ils doivent se préoccuper des questions administratives, pendant la session de mai, en délibérant sur le budget, ils ont le moyen d'intervenir d'une manière plus directe encore dans les affaires du pays. Voter ses recettes et ses dépenses, n'est-ce pas avoir en main les sources de la prospérité d'une commune?

Les conseillers municipaux qui ont ainsi le pouvoir de demander les améliorations et de les réaliser, de signaler les abus et de les détruire, sont donc réellement responsables de l'administration communale.

Malheureusement, il en est beaucoup qui ne comprennent pas bien l'étendue de cette responsabilité morale, et qui, soit ignorance, soit incurie, conservent à la routine des droits que l'usage semble avoir consacrés. C'est à ceux-là que ce manuel est dédié; qu'ils l'ouvrent et qu'ils s'inspirent des dispositions législatives que l'auteur a réunies et commentées à leur dessein.

631.—Le budget communal est un tableau synoptique de toutes les recettes et de toutes les dépenses qu'une commune peut avoir à faire pendant le cours d'un exercice, c'est-à-dire du 1er janvier au 31 mars de l'année suivante. Il contient en outre, à titre de renseignement, le relevé des recettes et des dépenses de l'exercice précédent.

Afin de rendre la tâche des conseillers plus facile, l'administration fait imprimer chaque année des tableaux de budget qu'elle envoie aux communes. Toutes les recettes et toutes les dépenses y sont portées par chapitres et par articles.

C'est au maire qu'est réservé le soin de préparer le budget, c'est-à-dire de rédiger le projet qui sera voté par le conseil municipal et soumis à l'approbation administrative. Cette règle ne souffre d'exception qu'en ce qui concerne les villes ayant plus de trois millions de revenu.

632. — DÉLIBÉRATION SOMMAIRE DU BUDGET.

L'an....., le.....

M. le maire a soumis à l'examen du conseil le projet du budget de... dressé par lui et contenant, sur chaque article de recette et de dépense, les motifs de ses propositions et les détails nécessaires pour en faire apprécier exactement la nature et l'importance. Ce projet appuyé de tous les documents propres à en justifier les propositions, ayant été discuté article par article, le conseil y a apporté les modifications suivantes, savoir :

Art... de la recette...

Art... de la dépense...

Le conseil, après avoir consigné le résultat de ses votes au tableau du budget à soumettre à l'approbation de M. le préfet, a arrêté pour l'exercice...

Les recettes tant ordinaires qu'extraordinaires à la somme de...

Les dépenses   id...   id....   à celle de...

Et l'excédant de recettes à...

Fait et délibéré à...

(Signatures.)

633. — BUDGET DES RECETTES ET DÉPENSES.

Budget de la commune de....

TITRE Ier RECETTES.

Nos D'ORDRE	NATURE DES RECETTES	Recette du dernier compte	Recettes proposées			Recettes admises par le préfet	OBSERVATIONS
			par le maire	par le conseil municipal	par le sous-préfet		
	CHAPITRE Ier.						
	Recettes Ordinaires.						
1	5 centimes additionnels ordinaires sur les contributions foncière et personnelle mobilière.						
2	Attributions sur les patentes (8 cent.).						
	— sur les amendes.						
3	— sur les permis de chasse.						
	Droits d'octroi. (Produit brut).						
	Droits de location sur les halles places et marchés.						
	Droits de pesage, mesurage et jaugeage.						
	Location des propriétés communales.						
4	Biens ruraux (loyer à ferme).						
	Coupes ordinaires de bois.						
	Taxes affouagères et de pâturage.						
5	Taxe municipale sur les chiens.						
	Rentes sur l'État.						
	Rentes sur particuliers et intérêts de capitaux						
	Produit de concessions dans les cimetières.						
	Produit des expéditions des actes de l'état civil et des actes administratifs.						
	Intérêts de fonds placés au trésor.						
	Imposition pour salaire des gardes champêtres.						
	Centimes spéciaux pour chemins vicinaux.						
6	Évaluation en argent des prestations en nature.						
7	Centimes spéciaux de l'instruction primaire.						
8	Rétribution scolaire des instituteurs communaux.						
	Subvention du département et de l'État pour l'instruction primaire.						
	Imposition locale pour insuffisance de revenus ordinaires, et s'appliquant						
	A reporter.						

Nos D'ORDRE	NATURE DES RECETTES	Recette du dernier compte	Recettes proposées			Recettes admises par le préfet	OBSERVATIONS
			par le maire	par le conseil municipal	par le sous-préfet		
	Report.						
	à des dépenses annuelles obligatoires						
	Frais de perception des centimes communaux.						
	Total des recettes ordinaires.						
	CHAPITRE II.						
	Recettes extraordinaires.						
9	Aliénation d'un terrain communal.						
	— de rentes ou capitaux.						
	Coupes extraordinaires de bois.						
	Imposition temporaire.						
	Emprunts						
	Total des recettes extraordinaires.						
	RÉCAPITULATION						
	Recettes ordinaires.						
	Recettes extraordinaires.						
	Total général des recettes						

TITRE II. — DÉPENSES.

Nos D'ORDRE	NATURE DES DÉPENSES	Dépenses constatées au dernier compte	Crédits proposés			Crédits alloués par le préfet	OBSERVATIONS
			par le maire	par le conseil municipal	par le sous-préfet		
	CHAPITRE Ier.						
	Dépenses ordinaires.						
1	Traitement du secrétaire de la mairie.						
2	Frais de bureau de la mairie.						
	Abonnement au *Bulletin des Lois.*						
	— au *Journal des Communes.*						
	A reporter.						

| Nos D'ORDRE | NATURE DES DÉPENSES | Dépenses constatées au dernier compte | Crédits proposés | | | Crédits alloués par le préfet | OBSERVATIONS |
			par le maire	par le conseil municipal	par le sous-préfet		
	Report.						
	Abonnement au *Bulletin Officiel du ministère de l'Intérieur*						
	Abonnement au *Journal des Instituteurs*.						
3	Frais de registres de l'état civil.						
4	Impressions à la charge des communes.						
	Confection et renouvellement des matrices générales						
	Timbre des comptes et registres de la comptabilité communale.						
	Timbre des mandats de paiement délivrés par le maire.						
5	Remises du receveur municipal.						
	Traitement et frais de bureau du commissaire de police.						
	Traitement des appariteurs ou agents de police et du tambour afficheur.						
6	Salaire du garde champêtre.						
	Salaire des gardes forestiers.						
	Frais de perception de l'octroi.						
7	Contributions des biens communaux et taxe des biens de main morte.						
8	Loyer et entretien de la maison commune.						
	Entretien de l'horloge.						
	— des halles et marchés.						
	— des acqueducs, fontaines, puits, mares.						
	Entretien des pavés.						
	— des promenades publiques.						
	— des pompes à incendie et accessoires.						
	Dépenses d'éclairage.						
	Enlèvement des boues.						
9	Entretien des chemins vicinaux.						
	Fonds accordés aux hospices.						
	— aux bureaux de bienfaisance.						
	— pensions de retraite.						
10	Traitement de l'instituteur communal.						
	Traitement de l'institutrice.						
	Location et entretien des maisons d'école.						
	Entretien du mobilier scolaire.						
	Prix, achats de livres, etc.						
	A reporter.						

Nos D'ORDRE	NATURE DES DÉPENSES	Dépenses constatées au dernier compte	Crédits proposés			Crédits alloués par le préfet	OBSERVATIONS
			par le maire	par le conseil municipal	par le sous-préfet		
	Report.						
	Subvention pour la bibliothèque scolaire.						
	Logement du ministre du culte.						
	Traitement des vicaires.						
	Supplément de traitement au curé ou desservant.						
	Loyer du presbytère.						
	Subvention à la fabrique pour insuffisance de ses revenus, constatée par ses compte et budget.						
	Fêtes publiques.						
11	Dépenses imprévues.						
	Total des dépenses ordinaires.						

CHAPITRE II.

Dépenses extraordinaires.

Nos D'ORDRE	NATURE DES DÉPENSES	Dépenses constatées au dernier compte	Crédits proposés			Crédits alloués par le préfet	OBSERVATIONS
			par le maire	par le conseil municipal	par le sous-préfet		
	Intérêts d'emprunts.						
12	Grosses réparations à la maison d'école.						
	Acquisition d'immeubles.						
	Acquisition de rentes et emplois de capitaux.						
13	Achat de meubles pour l'école.						
	Total des dépenses extraordinaires.						

RÉCAPITULATION

Nos D'ORDRE	NATURE DES DÉPENSES	Dépenses constatées au dernier compte	Crédits proposés			Crédits alloués par le préfet	OBSERVATIONS
			par le maire	par le conseil municipal	par le sous-préfet		
	Dépenses ordinaires						
	— extraordinaires.						
	Total général des dépenses.						

RÉCAPITULATION GÉNÉRALE.

	Suivant les propositions			Suivant la décision du préfet	OBSERVATIONS
	du maire	du conseil municipal	du sous-préfet		
Recettes ordinaires et extraordinaires					
Dépenses ordinaires et extraordinaires					
Résultat. { En excédant / Fn déficit.					

Le présent budget présenté par nous, maire, et voté
par les membres du conseil municipal de la commune
de... réunis en session ordinaire conformément à la loi.
Délibéré à... le...

(Signatures.)

634. — DÉLIBÉRATION POUR LA CLÔTURE DE L'EXERCICE ET LE RÈGLEMENT DÉFINITIF DES RECETTES ET DES DÉPENSES DE L'EXERCICE CLOS.

L'an... le...

Ouï le rapport de M. le maire :

Vu les diverses ordonnances et instructions ministérielles sur la comptabilité des communes et notamment
celles des 24 avril 1834 et 10 avril 1825.

Le conseil après s'être fait représenter le budget de
l'exercice... (*clos*) et les autorisations supplémentaires
qui s'y rattachent, les titres définitifs effectués, et celui
des mandats délivrés par M. le maire ordonnateur, le
compte d'administration de l'exercice..., accompagné des
comptes de gestion du receveur, ainsi que de l'état des
restes à payer reportés sur .....

Procédant au règlement définitif du budget de... propose de fixer ainsi qu'il suit les recettes et les dépenses dudit exercice.

RECETTES.

Les recettes tant ordinaires qu'extraordinaires de l'exercice... évaluées par le budget à... ont dû s'élever d'après les titres définitifs des créances à recouvrer à la somme de... de laquelle somme il convient de déduire celle de...

Savoir :

Pour non-valeurs justifiées au compte du receveur. . . . .

Pour restes à recouvrer également justifiés et qui seront portés en recette au prochain compte. . . . . . .

Pour restes à recouvrer non-justifiés, à mettre à la charge du comptable qui en sera forcé en recette au prochain compte. . . . .

Somme égale :

Au moyen de quoi la recette demeure définitivement fixée à la somme de. . .

DÉPENSES.

Les dépenses créditées au budget de... s'élèvent à. . . . .

Il faut y joindre celles qui ont été l'objet de crédits supplémentaires accordés dans le cours de l'exercice, soit. .

Total des dépenses présumées. .

De cette somme il faut déduire celle de

Savoir :

1º Crédits ou portions de crédits restés sans emploi comme excédant le montant réel des dépenses, à. . . . . . .

II.   2.

2° Dépenses faites, mais non-ordon-
nancées avant le 15 mars... et à reporter aux budgets suivants. . . . . . .

3° Dépenses ordonnancées, mais non
payées avant le 31 mars... 18... et à reporter au budget de. . . . .

Somme égale :

Au moyen des déductions ci-dessus
les dépenses de l'exercice... sont définitivement fixées à. . . . .

Les recettes de toute nature étant de.

Les dépenses de. . . . .

Il reste par conséquent pour excédant
définitif la somme de . . . .

Laquelle sera portée au chapitre des recettes supplémentaires du budget de l'exercice...

Toutes les opérations de l'exercice... sont déclarées
définitivement closes et les crédits annulés.

La présente délibération sera jointe comme pièce jus-
tificative au budget de...

Délibéré à... le...

Et ont signé,

Le secrétaire,

Les membres du conseil municipal.

635. — Le projet de budget doit être rédigé au
mois d'avril de chaque année, sur le tableau im-
primé et à l'aide du budget de l'année écoulée. Il
contient les modifications ou augmentations proposées par le maire. Un cahier spécial qui doit lui
être joint, renferme les renseignements et documents propres à éclairer le conseil.

Le budget voté est dressé en quatre expéditions
qui sont signées par tous les membres du conseil
municipal présents à la séance.

C'est le préfet qui le règle définitivement. Pour les villes ayant des revenus dépassant 100,000 fr. le budget est réglé par décret.

VOTE DU BUDGET.

636. — Les dépenses ordinaires étant la base même du projet soumis aux délibérations des conseils municipaux, le but à atteindre est d'y faire face avec les recettes. C'est ainsi que l'on obtient un budget en équilibre.

Tel est l'objet de l'examen auquel doivent se livrer les représentants de nos communes.

637. — Mais il faut qu'ils sachent que leur liberté d'appréciation n'est pas entière, car il est certaines dépenses que, dans un intérêt d'ordre public, la loi dit obligatoires, et qu'il faut porter au budget à peine d'inscription d'office.

Sur celles-là donc, excepté en ce qui concerne les quotités, la délibération et le vote sont de pures formalités.

Ces dépenses obligatoires énumérées par la loi de 1837, sont :

1º L'entretien de l'Hôtel-de-Ville ou du local affecté à la mairie ;

2º Les frais de bureau et d'impression pour le service de la commune ;

3º L'abonnement au *Bulletin des Lois* ;

4º Les frais de recensement de la population ;

5º Les frais des registres de l'état civil et la portion des tables décennales à l'usage des communes ;

6º Le traitement du receveur municipal, du

préposé en chef de l'octroi (s'il y en a un) et les frais de perception ;

7° Le traitement des gardes des bois de la commune et des gardes champêtres ;

8° Le traitement et les frais de bureau des commissaires de police ;

9° Les pensions des employés municipaux et commissaires de police régulièrement liquidées et approuvées ;

10° Les frais de local et de réparation de la Justice de paix, ainsi que ceux d'achat et d'entretien de son mobilier, dans les communes chefs-lieux de canton ;

11° Les dépenses relatives à l'instruction publique ;

12° L'indemnité de logement aux curés et desservants et aux ministres des cultes salariés par l'État, lorsqu'il n'existe pas de bâtiment affecté à leur logement ;

13° Les secours aux fabriques des églises et autres administrations préposées aux cultes, dont les ministres sont salariés par l'État, en cas d'insuffisance de leurs revenus justifiée par leurs comptes et budgets ;

14° Le contingent assigné à la commune dans la dépense des enfants trouvés ou abandonnés ;

15° Les grosses réparations aux édifices communaux ;

16° La clôture des cimetières, leur entretien, leur translation ;

17° Les frais de plans d'alignement ;

18° Les frais et dépenses des conseils de prud'hommes dans les communes où ils siègent ; les menus frais des Chambres consultatives des arts et manufactures, pour les communes où elles existent ;

19° Les contributions et prélèvements établis par les lois sur les revenus communaux ;

20° L'acquittement des dettes exigibles.

638. — Quelques observations sont nécessaires en ce qui touche quelques-uns de ces articles, auxquels il convient d'abord d'ajouter un certain nombre de dépenses obligatoires imposées par des lois spéciales, telles que :

21° L'abonnement au *Journal des Communes* ;

22° Les frais d'imprimés des sociétés de secours mutuels autorisées ;

23° Les secours et pensions accordés aux sapeurs-pompiers blessés, à leurs veuves ou à leurs orphelins ;

24° La part contributive de la commune dans les travaux de défense contre les inondations ;

25° Les frais de tenue des assemblées législatives, des conseils généraux, d'arrondissement et municipaux, des tribunaux de commerce et des conseils de prud'hommes, des Chambres consultatives des arts et manufactures et des Chambres de commerce ;

26° Entretien des chemins vicinaux ;

27° Le logement du président des assises dans les villes ou ne siège pas la cour d'appel ;

28° Les dépenses résultant de condamnations prononcées en vertu de la loi de vendémiaire an IV sur la responsabilité des communes en cas d'émeute et de troubles locaux ;

29° Les frais de dépôt ou chambres de sûreté

pour les condamnés en simple police, dans les villes où il n'existe ni maison de justice ou d'arrêt, ni prison;

30° Les frais de visite des fours et cheminées ;

31° Les frais de transport et d'entretien des aliénés domiciliés dans la commune, transférés dans les asiles (une partie de la dépense est supportée par le département qui a recours contre la commune) ;

32° Secours aux indigents et dépenses résultant de l'envoi des indigents aux eaux minérales ;

33° Les frais des commissions de statistique dans les chefs-lieux de canton ;

34° Les frais d'inspection des établissements d'eaux minérales appartenant aux communes (l'Etat a recours contre la commune) ;

35° Le traitement du vicaire régulièrement institué (Cons. d'Ét. 9 nov. 1877) ;

36° Les frais de casernement.

CHAPITRE XIII.

DÉPENSES OBLIGATOIRES.

Sommaire alphabétique.

———

638. — *Frais de bureau et d'impression pour le service de la commune (2°).* — Le conseil vote une somme en bloc, qui, dans les communes ayant moins de 100,000 habitants et un revenu ordinaire de 20,000, ne doit pas dépasser 50 centimes par habitant. La répartition est faite par le maire.

Dans les autres communes on prend la moyenne des frais de bureau pendant les trois dernières années. (Déc. min. 1869.)

Les frais d'impression comprennent :

Les listes électorales, procès-verbaux d'élection, liste de scrutin, pour les élections de toute nature et statistiques sur la population, la culture, les bestiaux, etc.

Imprimés relatifs aux chemins vicinaux et autres, etc.

Imprimés relatifs à l'école primaire, etc.

Tableaux du budget des comptes administratifs, des règlements, etc.

Mandats de toute nature intéressant la commune, etc.

Rôles des taxes de tout genre concernant la commune.

Registres relatifs aux livrets d'ouvriers, etc.

Mais non les imprimés des comices agricoles, des sociétés de secours mutuels et de la caisse de la vieillesse. (Circ. min. 5 août 1863.)

639. — *Abonnement au Bulletin des lois* (3°) dans les chefs-lieux de canton. Pour les autres communes, le ministère de l'intérieur fait un recueil spécial, le *Bulletin des communes* qui est obligatoire. (Décr. 27 déc. 1871).

640. — *Traitement du receveur municipal* (6°). — Ce traitement est fixe. (Décr. 27 juin 1876.)

Seulement les communes peuvent l'élever d'un dixième. Les frais de bureau sont supportés par le receveur jusqu'à concurrence du quart de son traitement, et par la commune pour le surplus. (Ibid).

641. — *Traitement du préposé en chef de l'octroi* (id). — Le conseil municipal est consulté en ce qui touche le traitement du préposé en chef de l'octroi, et le règlement est fait par le préfet ou le ministre des finances. (Ord. 9 déc. 1814 et avis Cons. d'Et. 3 nov. 1858.)

642. — *Traitement des gardes des bois et des gardes champêtres* (7°). Le nombre des gardes est déterminé par le conseil municipal (C. For. art. 94. — Décr. min. 1863.)

Mais le préfet peut s'opposer à une suppression d'emploi. (Décr. min. 1867.)

Le règlement du salaire des gardes est fait par le préfet sur la proposition du conseil municipal. (C. For. art. 98.)

Le montant en est d'abord prélevé sur les produits des coupes de bois ordinaires ou extraordinaires, et même sur le produit d'une vente d'affouages, si besoin est. Si ces produits ne suffisent pas, la commune doit voter une imposition extraordinaire. (Cons. d'Et. 11 juin 1870.)

En ce qui touche le garde champêtre. (V. Cons. d'Et. 12 juin 1874. — Dall. 75, 3, 63.)

643. — *Traitement des commissaires de police* (8°). En général il y a un commissaire de police par dix mille habitants, mais dans les villes qui en ont moins de 5,000, le commissaire de police n'est pas imposé.

L'Etat peut accorder une subvention pour le traitement de ce fonctionnaire. (Circ. min. 10 mars 1865.)

Dans les villes de plus de 40,000 âmes et chefs-lieu de département, les dépenses des services de la police sont obligatoires. Le conseil donne son avis sur l'organisation du personnel.

644. — *Pensions des employés municipaux* (9°) — Cet article ne comprend pas les instituteurs dont la retraite est réglée et acquittée par l'Etat. (Circ. min. 24 déc. 1853.)

Il s'applique aux employés de la mairie, aux agents de l'octroi communal, aux commissaires de police. Le règlement doit être approuvé par le préfet. (Décr. 25 mars 1862,)

645. — *Dépenses relatives à l'instruction publique* (11°). — V. infra. chap. XVI instruction publique.

646. — *Indemnité de logement au ministre du culte.* (12°). — Aux termes de la jurisprudence du conseil d'Etat, la dépense afférente à cette indemnité n'est obligatoire que si les fabriques ont des revenus insuffisants. (Cons. d'Et. 14 mai 1858. — 9 juillet 1875.)

Mais la cour de cassation n'a pas admis le caractère subsidiaire de cette dépense, et elle l'impose directement aux communes. (Cass. 7 janvier 1839 — V. aussi Cons. d'Et. 28 janvier 1876. — Dall. 76, 3, 53.)

Le logement doit être situé dans les limites de la paroisse. (Décr. min. 1859).

S'il n'y a qu'un curé pour plusieurs communes, la dépense est répartie entre elles, et en cas de désaccord le réglement est fait par le préfet.

Pour les pasteurs protestants et les rabbins on suit exactement les mêmes règles. (Ord. 7 août 1842) mais les ministres officiants sans appartenir à une commune n'ont pas droit au logement ou à l'indemnité de logement. (Circ. 1er sept. 1842.)

617. — *Secours aux fabriques* (13º). — L'insuffisance des revenus de la fabrique est constatée par le conseil municipal, sur le vu des pièces justificatives, registre des recettes, budget, etc.

Les registrès de comptabilité ne doivent pas être déplacés. (Décr. min. 3 juin 1873.)

Le conseil municipal n'a pas le droit de critiquer la nécessité ou l'utilité des dépenses régulièrement faites, si elle ne dépassent pas les limites fixées par la loi. (Décr. min. 1870.)

Le secours est obligatoire pour les dépenses suivantes :

1° Ornements, vases sacrés, linge, luminaire, pain, vin d'autel, encéns, salaires des sacristains, chantres, organistes, bedeaux et suisses ;

2º Honoraires des prédicateurs ;

3º Décoration et embellissement de l'église ;

4º Entretien de l'église, du presbytère et du cimetière ;

5° Achat et refonte des cloches ;

6° Achat de livres liturgiques. (Déc. min. 1865.)

7° Frais d'un procès relatif à une propriété communale à la conservation de laquelle la fabrique est tenue de veiller. (Déc. min. 1869.)

Quand le conseil municipal conteste le chiffre de l'allocation proposée par la fabrique, comme dépense obligatoire, ou n'admet pas les évaluations de la fabrique, c'est à l'évêque qu'il appartient de statuer sur sa réclamation, et si l'évêque est d'accord avec le préfet il n'y a pas de recours au Conseil d'Etat. (Cons. d'Et. 22 mai 1874 — Dall. 75, 3. 43. — V. aussi Cons. d'Et. 15 mars 1878.)

En cas de désaccord il est statué par décret.

Nous verrons plus loin que les églises appartenant aux communes doivent être entretenues par elles.

S'il s'agit d'une église dont la commune n'est pas propriétaire l'obligation est la même. (Déc. min. 1862.)

L'obligation de la commune s'étend à la reconstruction totale de l'église. (Déc. min. 1862. — Décr. 4 nov. 1876.)

Et entraîne l'obligation de fournir un local provisoire pour le service religieux. (Déc. min. 1869.)

Il en est de même en ce qui touche l'agrandissement de l'église et la construction d'une sacristie.

Si deux communes sont réunies pour le culte, elles doivent contribuer à la dépense de l'église. Il a été cependant jugé que si la commune sur laquelle l'église est située n'avait pas rempli les formalités prescrites pour le vote de la dépense et l'adjudication des travaux et n'avait pas appelé la commune voisine a assister à ces opérations, celle-ci pouvait se refuser à contribuer à la dépense. (Cons. d'Et. 12 juin 1866.)

Même décision pour le cas où la reconstruction ne serait pas faite au même endroit. (Déc. min. 1869.)

S'il y a lieu à contribution, la répartition se fait au marc le franc des contributions respectives de chaque commune. (Décr. 14 février 1810, art. 4.)

Si l'église est située sur le territoire d'une section, toute la commune doit supporter la dépense. (Déc. min. 1868.)

En cas d'insuffisance des ressources communales l'État donne un secours.

La construction d'un presbytère n'est pas obligatoire. (Déc. min. 1865.) La commune doit seulement une indemnité de logement.

En ce qui touche les temples protestants ou les synagogues, on suit les mêmes règles.

648. — *Dépenses des enfants trouvés ou aban-. donnés* (14°). — La commune contribue pour une part qui ne peut dépasser le cinquième.

649. — *Grosses réparations aux édifices communaux* (15°). — Casernes, hospices, manutentions, corps de garde, mairie, école, presbytère (s'il appartient à la commune). En ce qui touche l'église le devis des réparations est soumis au conseil qui l'approuve. Il est ensuite procédé à l'adjudication.

Les communes pour toutes ces dépenses peuvent obtenir une subvention de l'État.

650. — *Clôture, entretien et translation des cimetières* (16°). — Les murs du cimetière doivent avoir deux mètres de haut; les grosses réparations sont à la charge de la commune.

L'entretien du cimetière n'incombe au conseil municipal que si la fabrique n'a pas de ressources suffisantes. (Déc. min. 1864.)

Les cimetières protestants au contraire doivent être entretenus par les communes.

Le conseil municipal a dû donner son avis sur la translation du cimetière; il ne choisit pas le nouvel emplacement, mais la commune est tenue de la dépense. (Déc. min. 1858.)

651. — *Frais et dépenses des conseils de prud'hommes et des chambres consultatives des arts et manufactures* (18°). — La commune doit fournir le local et supporter certains frais, tels que médailles de prud'hommes, frais des assemblées. (Déc. min. 1864.)

652. — *Contributions et prélèvements* (19°). — Cet article comprend : l'impôt foncier sur les immeubles de la commune, les taxes de main morte, les frais d'administration et de régie des bois communaux. (Cinq centimes par franc du prix de la vente sans que le quantum puisse dépasser un franc par hectare.) (L. 14 juillet 1856, art. 14);

Les frais de modifications cadastrales ;

Les frais de perception des centimes additionnels. (Trois centimes par franc);

Frais d'impression et de confection du rôle de la taxe sur les chiens. (Six centimes par article);

Les remises sur la même taxe. (Douze centimes par article);

Les remises pour la confection et le recouvrement des rôles de la prestation en nature. (Trois centimes par article, répartis entre le directeur et les contrôleurs des contributions.)

653. — *Dettes exigibles* (20°). — Résultats d'engagements ou de condamnations, pourvu qu'elles soient certaines, liquides et exigibles. (Déc. min. 1860.)

654. — *Abonnement au Journal des communes* (21°). — Ce journal depuis 1852 est envoyé aux communes autres que les chefs-lieux de canton. (Déc. 12 févr. 1862.)

655. — *Frais des sociétés de secours mutuels* (22°). — Ces frais comprennent le local, les livres et registres, le mobilier.

En cas d'insuffisance des ressources municipales, la commune peut obtenir une subvention. (Circ. min. 2 juillet 1855.)

656. — *Sapeurs-pompiers.* — Aux termes des articles 3, § 5, titre XI, de la loi des 16-24 août 1790, 4, § 9 de la loi du 11 frimaire an VII, 10, 11 et 30 de la loi du 18 juillet 1837, les corps municipaux sont chargés du soin « de prévenir et de réprimer les incendies » (loi de 1790); « les dépenses communales comprennent les frais relatifs aux incendies (loi de l'an VII). Toutes les dépenses de ce genre sont obligatoires pour les communes.

Il s'ensuit que les frais de déplacement des sapeurs-pompiers d'une ville voisine accourus sur le lieu de l'incendie, sont à la charge de la commune de l'incendié, et non pas à la charge de ce

dernier ou de la compagnie à laquelle ses bâtiments étaient assurés. (Cass. 13 févr. 1878.)

657. — *Secours et pensions aux pompiers* (23°).
— Ces secours sont dûs à raison des blessures ou
des maladies contractées dans le service, que l'incendie ait éclaté dans la commune ou ailleurs. (L.
5 avril 1851.)

Si la mort s'en est suivie, la commune doit une
pension aux veuves et orphelins.

La liquidation doit être faite dans le mois qui
suit, à moins qu'un examen des hommes de l'art
ne soit nécessaire. (Circ. min. 29 juin 1851.)

658. — *Frais des assemblées électorales de tout
genre* (25°). — Impressions, formules de procès
verbaux, listes de scrutin et cartes électorales.
(Circ. min. 25 déc. 1877.)

Acquisition d'une boîte de scrutin. (Circ. min.
14 mai 1865.)

659. — *Entretien des chemins vicinaux* (26°).
V. chap. XIV.

660. — *Logement du président des assises* (27°).
— Mais non les frais de chauffage et d'éclairage.
(Déc. min. 13 déc. 1842.)

661. — *Condamnations prononcées en vertu de
la loi de vendémiaire an IV* (28°). — La dépense
doit être acquittée au moyen d'une imposition
extraordinaire répartie entre les personnes domi-
ciliées dans la commune au moment de l'évène-
ment et au prorata de leurs contributions. (Déc.
min. 1867, 1869).

662. — *Frais relatifs aux aliénés* (31°). — La
dépense incombe à la commune dans le cas seulement ou l'aliéné et les personnes qui lui doivent

des aliments, n'ont pas de ressources suffisantes.
— (Cons. d'Et. 15 mars 1874. — Dall. 75, 3, 46.)

Elle contribue avec le département dans les proportions suivantes;

Communes qui ont plus de 100,000 fr. de revenus. — La commune supporte un tiers.

De 50,000 à 100,000 fr. — un quart.
De 20,000 à 50,000 — un cinquième.
De 5,000 à 20,000 — un sixième.

Au-dessous l'exonération est indéterminée, et peut être complète. (Circ. min. 4 août 1840.)

663. — *Secours aux indigents.* (32°). — Les communes contribuent à la dépense d'entretien des indigents dans les hospices, suivant leurs ressources et celles de l'établissement hospitalier.

Elles supportent intégralement les dépenses d'envoi aux eaux des indigents, mais peuvent obtenir des secours sur les fonds départementaux.

Elles doivent aussi des secours aux militaires et marins infirmes qui n'ont pas de pensions. (Déc. min. 24 nov. 1834.)

664. — *Traitement des vicaires régulièrement nommés.* (35°). — Le vicaire est nommé par l'évêque après délibération des marguilliers et avis du conseil municipal.

665. — *Frais de casernement.* (36°). — L'État peut faire payer aux communes qui possèdent des casernes une taxe qui ne doit pas dépasser par an 7 fr. par homme et 3 fr. par cheval.

S'il y a un octroi, cette taxe peut être transformée en un abonnement fixe.

CHAPITRE XIV

DÉPENSES OBLIGATOIRES (Suite)
CHEMINS VICINAUX — INSTRUCTION PUBLIQUE

Sommaire alphabétique.

666. — Les chemins vicinaux sont ceux qui ont été déclarés tels par un arrêté du préfet.

On distingue trois classes de chemins *vicinaux* : les chemins vicinaux ordinaires, les chemins vicinaux d'intérêt commun, et les chemins vicinaux de grande communication. Les chemins vicinaux ordinaires sont ceux qui ne servent qu'à la commune sur le territoire de laquelle ils sont situés ; les chemins vicinaux de grande communication sont ceux qui intéressent un certain nombre de communes ; les chemins vicinaux d'intérêt commun sont ceux qui, étant utiles à plusieurs communes, n'ont pas cependant assez d'importance pour être réputés chemins de grande communication.

Les chemins vicinaux légalement reconnus sont à la charge des communes.

667. — Les formes de la reconnaissance légale des chemins vicinaux consistent dans un arrêté du préfet, pris sur une délibération du conseil municipal, et déclarant que tel chemin fait partie des chemins vicinaux de telle commune. Dans les communes où la reconnaissance légale des chemins vicinaux n'a pas encore été opérée, le maire dresse l'état des chemins nécessaires aux communications et devant, à ce titre, être déclarés vicinaux. Cet état doit indiquer : 1° la direction de chaque chemin, c'est-à-dire le lieu où il commence, celui où il aboutit, et les hameaux où autres localités principales qu'il traverse ; 2° la longueur des chemins sur le territoire de la commune ; 3° leur largeur actuelle. Le maire fait connaître également ment la portion de chemin qu'il pourrait être utile d'élargir. L'état des chemins ainsi préparé est déposé à la mairie pendant un mois ; les habitants prévenus de ce dépôt par une publication faite dans la forme ordinaire sont invités à prendre connaissance de l'état des chemins dont le classement est projeté, et avertis que, pendant le délai du dépôt, ils peuvent adresser au maire toutes les observations et réclamations dont le projet de classement leur paraîtrait pouvoir être l'objet, soit dans leur intérêt privé, soit dans l'intérêt de la commune. Ce délai d'un mois expiré, l'état dressé par le maire, ainsi, que les oppositions ou réclamations auxquelles il a donné lieu, sont soumis au conseil municipal, ainsi que toutes les pièces à l'appui, puis transmises au préfet par l'intermédiaire du sous-préfet, avec l'avis motivé de celui-ci et, après l'examen de ces divers documents, le préfet déclare, par un arrêté pris dans la forme ordinaire, que tels chemins, de telle largeur, font partie des chemins vicinaux de telle commune. (Circ. 24 juin 1836.)

668. — Le préfet ne peut déclarer la vicinalité d'un chemin qu'après une délibération du conseil municipal. Mais il n'est pas tenu de se conformer à l'avis du conseil ; ainsi, il peut déclarer vicinal un chemin auquel le conseil municipal refuserait cette qualité, et refuser de reconnaître comme *vicinal* un chemin dont le conseil municipal demanderait le classement dans les chemins vicinaux.

669. — Le déclassement d'un chemin précédemment déclaré vicinal lui appartient également. Le préfet peut donc prononcer par arrêté le déclassement d'un chemin. Toutefois, une formalité de plus est nécessaire. Le préfet fait délibérer les conseils municipaux des communes qui peuvent avoir intérêt à la conservation de ce chemin, et, s'il n'y a pas unanimité dans les délibérations, doit ouvrir une enquête dans ces mêmes communes. Il prononce alors en connaissance de cause. (Ibid.)

Lorsqu'un chemin est déclassé, il peut y avoir lieu, soit de le conserver au public comme chemin rural, soit de le supprimer entièrement et de le rendre à l'agriculture. Le préfet appelle donc l'attention du conseil sur la question de savoir s'il y a lieu d'en vendre le sol au profit de la commune. (Circ. min. 24 juin 1836.)

670. — Si les ressources ordinaires des communes ne suffisent pás, il est pourvu à l'entretien des chemins vicinaux à l'aide, soit des prestations en nature, dont le maximum est fixé à cinq journées de travail, soit de centimes spéciaux en addition au principal des quatre contributions directes, et dont le maximum est fixé à cinq. Le conseil municipal peut voter l'une ou l'autre de ces ressources ou toutes les deux concurremment sans le concours des plus imposés (V. infra *Centimes additionnels*.)

671. — Comme nous le verrons plus loin, les communes peuvent obtenir des subventions du département et de l'État pour l'entretien des chemins vicinaux. Ces subventions les obligent à un entretien permanent. (Circ. min. 22 sept 1868.)

672. — Pour les chemins de grande communication et d'intérêt commun, les communes peuvent offrir au département des sommes prélevées sur

leurs ressources ordinaires, et cette offre, si elle est acceptée constitue pour la commune un engagement obligatoire.

673. — *Instruction publique.* — Les dépenses obligatoires des communes sont :

Les traitements fixes de la directrice d'une salle d'asile (250 fr. minimum).

Et des sous-directrices (150 fr. minimum.)

L'entretien des écoles primaires est obligatoire, cependant le conseil départemental peut autoriser une commune à ne pas entretenir d'école publique si elle s'engage à pourvoir à l'enseignement gratuit dans une école libre.

S'il y a plusieurs cultes, des écoles séparées doivent être créées, à moins d'une autorisation spéciale et provisoire du conseil départemental.

674. — Les dépenses relatives à l'installation d'une école sont à la charge de la commune et si le préfet a interdit le local, elle est tenue de pourvoir à son remplacement.

Mais on ne peut imposer à la commune la construction d'une école que s'il est impossible de se procurer par voie d'achat ou de location un local convenable. (Déc. min. 24 Sept. 1857.)

Ce local doit comprendre une installation suffisante pour l'instituteur et sa famille. (Circ. min. 15 juin 1876.)

675. — Lorsqu'un maître adjoint est nécessaire, c'est-à-dire lorsque l'école compte plus de 80 élèves, la commune doit le traitement et le logement à l'adjoint, ou, à défaut, une indemnité approuvée par le préfet. (Circ. min. 12 mai 1867.)

Une partie du traitement de l'adjoint peut être prélevée sur la rétribution scolaire.

676. — Le chiffre des traitements dus aux instituteurs est établi comme il suit :

ÉCOLES DANS LESQUELLES LA GRATUITÉ EST ÉTABLIE.

1° Traitement fixe : 200 fr.

2° Traitement éventuel... (Le taux en est déterminé chaque année par le préfet sur l'avis du conseil départemental et du conseil municipal.)

3° Supplément de traitement... (lorsque le traitement fixe et le traitement éventuel ne correspondent pas au minimum légal.)

677. — ÉCOLES DANS LESQUELLES LA GRATUITÉ N'EST PAS ÉTABLIE.

1° Traitement fixe : 200 fr.

2° Rétribution scolaire... (ce n'est pas là une dépense obligatoire, en ce sens que le taux seul en est déterminé par le conseil, et que la rétribution est payée par les parents.)

3° Traitement éventuel calculé d'après le nombre des élèves admis gratuitement et établi comme dans les écoles gratuites.

4° Supplément de traitement... (lorsque le total des allocations précédentes n'atteint pas le minimum légal.)

678. — Les communes peuvent, en se chargeant de percevoir la rétribution scolaire, allouer un traitement fixe à l'instituteur. Elles ne sont jamais tenues de supporter les frais d'instruction d'enfants appartenant à des communes voisines.

Traitement minimum des instituteurs et institutrices publics. (L. 19 juillet 1875.)

```
Instituteurs titulaires : 4e classe.........    900 fr.
     —                    3e classe.........   1000 fr.
     —                    2e classe.........   1100 fr.
     —                    1re classe........   1200 fr.
Institutrices titulaires 3e classe........     700 fr.
     —                    2e classe,.......    800 fr.
     —                    1e classe........     900 fr.
Instituteurs adjoints (école de hameau.)  800 fr.
     —              (école de la commune) 900 fr.
Institutrices adjointes (école de hameau) 650 fr.
     —              (école de la commune) 600 fr.
```

679. — Si les instituteurs et institutrices sont munis du brevet complet, une augmentation de 100 fr. doit leur être faite.

Toutes les règles précédentes sont applicables aux congréganistes. (L. 19 juillet 1875, art. 6.)

Et cela s'il n'y a pas de conventions particulières ou même d'usage établi pour le traitement. (Cass. 1er déc. 1873 — Circ. min. 29 déc. 1875.)

680. — *Ecoles de filles.* — Pour les communes qui ont plus de 500 habitants une école de filles est obligatoire, à moins de dispense spéciale accordée par le conseil départemental en vertu de la loi du 15 mars 1850.

Le traitement de l'institutrice titulaire et son logement sont des dépenses obligatoires; il en est de même du traitement et du logement de l'adjointe.

681. — *Ecoles mixtes.* — Dans les écoles des petites communes où sont admis les enfants des deux sexes, une femme est chargée par le préfet, sur la proposition du maire, de donner aux filles des leçons de couture. La rémunération qui lui est accordée par le préfet est une dépense obligatoire pour la commune. (L. 10 avril 1867.)

682. — *Ecoles de hameau* — La commune doit à l'instituteur attaché à ces écoles, le local, l'habitation, le traitement et le mobilier scolaire. Ce sont des dépenses obligatoires.

683, — *Cours d'adultes.* — Quand les cours d'adultes sont organisés et fonctionnent régulièrement dans une commune, l'entretien de ces cours est obligatoire. (Circ. min. 30 juin 1867.)

684. — *Ecoles primaires supérieures.* — Dans les communes chefs-lieux de département et dans celles dont la population dépasse 6,000 àmes, une école primaire supérieure est obligatoire.

685. — *Enseignement secondaire.* — Les communes qui possèdent un collége communal sont tenues de fournir et d'entretenir le local nécessaire et le mobilier, et de garantir pendant cinq ans le traitement du principal et des professeurs.

Les chefs-lieu d'académie fournissent le local et le mobilier du conseil académique ainsi que les bureaux du recteur. (L. 14 juin 1854.)

686. — *Enseignement supérieur.* — Les communes doivent, lorsqu'elles possèdent des écoles préparatoires de pharmacie et de médecine ou de sciences, le local, les collections, le traitement des professeurs et l'entretien du matériel et des laboratoires. (Inst. min. 20 juin 1859 et Décr. 14 juillet 1875.)

Mais le conseil municipal a le droit de décider que la commune n'entend plus subvenir aux dépenses de l'école préparatoire et la dépense cesse d'être obligatoire. (Cons. d'Et. 23 nov. 1850.)

CHAPITRE XV

BUDGET (Suite) — RECETTES.

Sommaire alphabétique.

687. — Les dépenses obligatoires étant déterminées et inscrites au budget, le conseil doit chercher dans les recettes ordinaires les moyens d'y subvenir, car les dépenses annuelles ne sauraient, à peine de ruine, être balancées par des recettes éventuelles ou des reliquats d'exercices précédents qui constituent les fonds de réserve.

688. — Les recettes ordinaires comprennent :

1° Les revenus de tous les biens dont les habitants n'ont pas la jouissance en nature :

C'est-à-dire :

Les fermages et loyers des biens communaux ;

Les intérêts des rentes ;

Les droits de chasse et de pêche ;

Le produit des coupes ordinaires dans les bois communaux et les revenus accessoires de ces bois, élagages, affouages, plants, indemnités de toute nature relatives à l'exploitation, glands, faînes, pâturages, mousses, minerais, pierres et sables, droits spéciaux, et autres recettes prévues et imprévues. (C. for. art. 93 et Arr. min. 1ᵉʳ Sept. 1838.)

2° Les cotisations imposées annuellement sur les ayant-droits aux fruits qui se perçoivent en nature ;

3° Le produit des centimes ordinaires affecté aux communes par les lois de finances ; (V. infra chap. XVII.)

Et les revenus s'y rattachant, ainsi :

Les centimes spéciaux, les prestations en argent, les subventions de l'État ou des particuliers, l'imposition relative au traitement du garde champêtre :

4° Le produit de la portion accordée aux communes dans l'impôt des patentes;

Et la portion afférente à la commune dans les droits sur les permis de chasse ;

5° Le produit des octrois municipaux ;

6° Le produit des droits de place perçus dans les foires, halles, marchés et abattoirs, d'après les tarifs ;

7° Le produit des permissions de stationnement et des locations sur la voie publique, les ports, rivières, et autres lieux publics ;

8° Le produit des péages communaux, les droits de péage, mesurage, jaugeage ; les droits de voirie et autres droits légalement établis ;

9° Le prix des concessions dans les cimetières, (pour les deux tiers) ;

10° Le produit des concessions d'eau, d'enlèvement des boues et immondices de la voie publique et autres concessions autorisées pour les services communaux, comme la vidange ;

11° Le produit des expéditions des actes administratifs et des actes de l'état civil ;

Cette taxe est réglée de la manière suivante :

	à Paris	Dans les communes de 50,000 habitants et au-dessus.	Dans les autres
Acte de naissance. Acte de décès. Publicat. de mariage	0 75	0 50	0 30
Acte de mariage. Acte d'adoption.	1 50	1 »	» 60

12° La portion que les lois accordent aux communes dans le produit des amendes prononcées par les tribunaux de simple police et de police correctionnelle. Cette allocation est faite par les préfets et dans l'intérêt des communes pauvres ayant à pourvoir à des besoins extraordinaires; (Circ. min. 5 mai 1852.)

13° Intérêts des fonds placés au trésor ;

14° Droits perçus dans les écoles préparatoires communales ;

15° Revenus des colléges communaux ;

16° Ressources affectées à l'instruction primaire comme : dons et legs, impositions et subventions ;

17° Indemnité sur les enrôlements, c'est-à-dire 3 fr. sur les vingt-cinq premiers enrôlements, 2 fr. sur les 75 suivants et 1 fr. pour les autres. Cette indemnité appartient à la commune ;

18° Taxe municipale sur les chiens ;

19° Vingtième de la contribution sur les chevaux et voitures ;

20° Produit des livrets d'ouvriers soit 25 centimes par livret ;

21° Taxes de ville et de police autorisées par la loi.

689. — Si le total des recettes est égal au total des dépenses obligatoires, il est bien évident que le conseil municipal n'a qu'à voter purement et simplement le budget proposé par le maire. Mais il peut arriver et il arrive le plus souvent que les dépenses obligatoires excèdent les recettes ou que certaines dépenses facultatives soient nécessaires. Dans ce cas les conseils municipaux doivent cher-

cher dans des ressources extraordinaires le moyen de parer au déficit.

690.—L'impôt est certainement destiné à subvenir à l'insuffisance des revenus, et les conseils municipaux ne devront pas hésiter à y recourir si la nécessité s'en impose ; mais avant d'accroître les charges d'une commune, le premier devoir de ses représentants est de chercher d'autres ressources moins onéreuses. Ce qui est souvent une faculté devient même une nécessité absolue quand les centimes additionnels sont épuisés.

On peut donc faire face à l'insuffisance des revenus :

1° A l'aide des fonds libres de la commune ;

2° De la réalisation de recettes extraordinaires ;

3° De l'emprunt ;

4° De l'aliénation des propriétés communales ;

5° Du vote de centimes additionnels ;

6° Du produit des dons et legs ;

7° Du remboursement des capitaux exigibles ou des rentes rachetées ;

8° Du produit des coupes extraordinaires de bois, autorisées par l'administration supérieure ;

9° De l'aliénation des rentes sur l'Etat ;

10° Des secours accordés par l'Etat ou les administrations locales ;

11° Des recettes imprévues comme: les indemnités en cas de reboisement et de gazonnenent ;

Le prix des terrains retranchés des voies publiques à la suite d'un alignement ;

Les restitutions de tout genre ;

Les recouvrements d'avances faites par la commune ;

Les droits de voirie établis par le conseil municipal pour les travaux d'alignement et de reconstruction (Cass. 22 juin 1870. — Dall. 71, 1, 164);

Le débet des receveurs municipaux.

691.— Maintenant peut-on dire à l'avance quelle est de toutes ces ressources exceptionnelles celle qu'il vaudra mieux adopter? Ce serait certainement difficile, car le principe, s'il était posé, devrait sans cesse fléchir en présence de la situation différente de chaque commune au point de vue financier. Cependant, on peut, en s'inspirant des leçons de l'expérience, donner quelques indications générales.

692. — *Aliénation*. — Etant admis que plus une commune fait de dépenses utiles, plus elle s'enrichit, ce qui n'est point un paradoxe, mais un axiome de droit municipal, on reconnaîtra que l'aliénation des biens communaux est souvent un excellent moyen de créer des ressources municipales.

Les propriétés communales ne produisent qu'un revenu insignifiant. A part quelques rares exceptions, les immeubles communaux sont mal administrés, sont souvent même abandonnés, à tel point que sur 5 millions d'hectares possédés par les communes ou les établissements de bienfaisance, un à peine a été mis en culture.

Ainsi donc, en vendant des terres incultes, la commune obtiendra plusieurs avantages; d'abord elle assurera leur mise en valeur, avec le prix elle soldera ses dépenses extraordinaires, et souvent avec le reliquat du capital pourra se créer en rentes sur l'Etat un revenu rémunérateur. Elle augmentera enfin le chiffre des impositions dont elle perçoit une quotité.

Il est bien vrai que l'administration doit s'opposer à ce que les communes par des aliénations trop répétées, ne déshéritent les générations futures, mais lorsque la nécessité est constatée, l'intérêt de la commune qui doit dominer inspirera les décisions de l'autorité supérieure. Le conseil d'Etat décide d'ailleurs qu'un dixième des revenus des rentes sur l'État doit être capitalisé.

693. — Lorsque l'aliénation a été votée par le conseil municipal, il est procédé à une expertise et l'on ouvre ensuite une enquête de *commodo* et *incommodo*.

En cas d'oppositions manifestées, le conseil délibère une seconde fois.

694. — L'aliénation se fait le plus souvent par adjudication publique, mais le préfet peut autoriser une vente de gré à gré.

Le résultat de l'adjudication est arrêté par le maire.

En aucun cas le préfet ne peut l'annuler, (Cons. d'Et. 6 juillet 1863. — Déc. min. 1865.)

695. — La rescision de la vente pourrait seulement être poursuivie devant la juridiction civile. (Ibid.)

696. — *Emprunt.* — Si la commune ne possède pas de biens aliénables, elle peut recourir à l'emprunt. C'est là encore un excellent moyen de parer à une dépense extraordinaire quand on s'est assuré des ressources annuelles qui, en grevant peu les habitants, permettent d'opérer le remboursement.

L'emprunt peut être fait de deux manières :

1° Par adjudication avec publicité et concurrence ;

2° Par traité, de gré à gré, avec la Caisse des dépôts et consignations, ou le Crédit Foncier.

697. — Chacun sait comment s'opère l'emprunt par adjudication ; il est donc inutile de donner sur ce premier moyen de bien longues explications. La commune, par la voie des affiches, fait appel aux souscripteurs qui s'associent à l'opération en apportant des fonds.

698.— L'emprunt avec primes ou lots, quoi qu'il semble autorisé par certains précédents, est cependant prohibé, et le projet en pourrait être repoussé par le Conseil d'Etat.

Il ne serait pas possible non plus de recourir à un emprunt dont les titres seraient négociables par endossement.

699. — Les prêts faits aux communes par la Caisse des dépôts et consignations sont soumis à certaines conditions déterminées chaque année. En général la durée maximum du prêt est de 12 ans et le taux de l'intérêt est de :

4 0/0 jusqu'à six ans ;

4 1/2 jusqu'à 12 ans (Circ. 25 juillet 1878.)

Si, par exception, la commune pouvait obtenir un prêt de 20 années, l'intérêt serait de 5 0/0.

Pour le remboursement de l'emprunt, la commune peut souscrire, soit des obligations comprenant le capital et l'intérêt, soit des annuités égales comprenant l'intérêt et l'amortissement du capital.

Ce dernier mode est évidemment préférable, puisqu'il permet, par une modique augmentation de l'intérêt fixé, de se libérer complétement en une certaine période. Une imposition extraordinaire assure presque toujours le fonctionnement régulier de l'amortissement.

Les fonds empruntés sont versés par le trésorier-payeur général ou le receveur particulier, qui perçoit également les annuités et les intérêts.

700. — Quant aux prêts accordés par le Crédit Foncier, ils sont plus avantageux sous le rapport de la durée. Ils varient de 5 à 50 ans, pendant lesquels la commune paie un intérêt de 5 0/0 sans commission. (Circ 4 juillet 1878.)

Dans tous les cas, le remboursement par anticipation est de droit.

701. — Si l'emprunt est destiné aux chemins vicinaux, les communes doivent s'adresser à la caisse des chemins vicinaux. (L. 11 juil. 1868. — V. circ. min. 29 octobre 1877.)

702. — De même s'il s'agit de la construction d'une école elles peuvent recourir à la caisse établie à cet effet par la loi du 1er juin 1878. (Cir. 16 août.)

703. — Quel que soit d'ailleurs le mode d'emprunt adopté par le conseil municipal, il est indispensable de joindre à la demande :

1° Une copie certifiée par le préfet ou le sous-préfet, de la loi, du décret ou de l'autorisation, en vertu desquels a lieu l'emprunt ;

2° Une copie de la délibération du conseil municipal assisté des plus imposés, mentionnant les conditions de l'emprunt;

3° Enfin, les moyens de libération qu'on veut employer, soit un prélèvement sur les recettes annuelles, soit une coupe extraordinaire, soit une imposition de centimes additionnels.

704. — Le vote des emprunts par le conseil municipal et les plus imposés est souverain toutes les fois que le prêt, remboursable dans un délai maximum de douze années, doit être éteint au moyen des contributions extraordinaires que le conseil peut voter seul.

705. — S'il y avait désaccord entre le conseil et le maire, ou si l'emprunt était remboursable à l'aide d'impositions extraordinaires soumises à l'approbation administrative, l'autorisation du préfet serait nécessaire.

S'il s'agit d'une commune ayant un revenu supérieur à 100,000 fr. l'approbation est donnée par décret rendu en conseil d'Etat.

Si l'emprunt est fait pour une durée de plus de douze ans, et remboursable à l'aide de ressources extraordinaires, il doit être autorisé par une loi.

Il en est de même si l'emprunt dépasse un million, ou forme avec d'autres emprunts non remboursés un total d'un million.

706. — On observera que si l'emprunt est réalisable en plusieurs années, l'imposition créée pour faire face au service de l'amortissement ne doit être perçue chaque année que jusqu'à concurrence de la somme strictement nécessaire. (Circ. min. 30 avril 1870.)

707. — DÉLIBÉRATION POUR UN EMPRUNT AU CRÉDIT FONCIER.

L'an..., le....   (session extraordinaire)
M. le maire ayant fait connaître au conseil municipal

les conditions des prêts faits aux communes par la société du Crédit Foncier de France, a proposé au conseil municipal de décider que l'emprunt de... autorisé par délibération du... sera contracté à cette société.

Le conseil municipal, considérant que le mode de remboursement par annuités, d'après les conditions de ladite société, est avantageux pour la commune.

Délibère,

Art 1er. M. le maire est autorisé à contracter auprès Crédit Foncier de France, au nom de la commune de..., un emprunt de...

(*Conditions du prêt et mode de paiement.*)

Fait et délibéré à...

(*Signatures.*)

CHAPITRE XVI

LES PLUS IMPOSÉS.

Sommaire alphabétique.

---

708. — Nous avons déjà, à plusieurs reprises, parlé du concours que les plus imposés viennent apporter au conseil municipal dans des circonstances spéciales. Ce concours, essentiel pour le vote de certaines impositions, doit être bien défini, et il importe, avant d'aborder l'étude des questions nombreuses que soulève le vote des centimes additionnels, de dire ce que sont les plus imposés et quel est leur rôle.

709. — Les plus imposés sont les habitants mâles de la commune, âgés de plus de 21 ans, qui paient le plus pour les quatre contributions directes et qui figurent sur une liste spéciale.

Il faut être inscrit personnellement sur le rôle, ainsi le fermier ne peut se prévaloir de ce que les impôts sont à sa charge, pour figurer sur la liste des plus imposés. Mais l'usufruitier est préféré au nu-propriétaire.

La représentation n'est pas admise davantage; une femme ne peut envoyer un mandataire à la réunion des plus imposés. Il s'agit là, en effet, d'une fonction publique qui a un caractère purement personnel.

En conséquence, des cohéritiers dans l'indivision ne pourraient désigner l'un d'entre eux pour siéger parmi les plus imposés. (Circ. 15 juill. 1818, 21 avril 1823. — Avis Cons. d'Et. 21 déc. 1842.)

La liste des plus imposés est établie par le percepteur; elle peut toujours être modifiée sur la réclamation des intéressés.

710. — Toutes les fois que le concours des plus imposés est réclamé par la loi, le maire convoque un certain nombre de ces contribuables présents et portés sur la liste, de telle sorte qu'ils soient en nombre égal au nombre des conseillers municipaux en exercice. La convocation est faite au moins dix jours avant la réunion, et les absents sont remplacés par ceux qui les suivent sur la liste.

711. — Les individus en état d'incapacité légale

ne doivent pas être convoqués. La loi ne le dit pas expressément, mais cette décision résulte d'une instruction ministérielle du 14 février 1843, basée sur les motifs suivants :

« Considérant que, dès qu'il s'agit de la défense d'intérêts généraux et publics, elle ne peut être confiée qu'à des personnes capables d'exercer par elles-mêmes leurs droits civils, et, qu'en dehors des actions civiles pour lesquelles le tuteur, le curateur ou les établissements d'administration publique, sont chargés par la loi de représenter les mineurs, ils ne sauraient agir en leur lieu et place pour l'exercice des droits que les mineurs ne peuvent exercer eux-mêmes : Le Conseil d'Etat a été d'avis que les plus imposés en état d'incapacité légale, tels que les mineurs et les interdits, les femmes mariées séparées de biens, les veuves, enfin les personnes morales, telles que les établissements public, les sociétés anonymes, etc., etc., ne sont pas admis à se faire représenter au conseil municipal, et qu'en conséquence ils ne doivent pas y être convoqués. »

La jurisprudence a également exclu, et pour d'autres motifs, ceux qui ont été rayés de la liste électorale en vertu du décret organique du 2 février 1852. (Avis Cons. d'Et. 21 juillet 1858.)

Ainsi, ne sauraient être appelés au nombre des plus imposés, les faillis non réhabilités, les condamnés pour vol, etc., en un mot tous ceux qui ont été privés du droit de vote. (Déc. min. 1872. — Cons. d'Et. 21 déc. 1842.)

Les étrangers n'ont pas été davantage admis à figurer parmi les plus imposés. Quoique la loi n'exige aucune autre condition que celle de payer des contributions, et que l'étranger ait un réel intérêt à assister aux délibérations, cependant il serait illogique de donner à celui qui ne jouit pas en France des droits civils, une prérogative que la loi attribue aux citoyens. C'est ce que la jurisprudence du ministère de l'intérieur a plusieurs fois décidé.

712. — Si le maire, au moment où il fait la convocation des plus imposés, n'avait pas encore reçu la liste que le directeur des contributions doit lui adresser chaque année, et s'il se servait de la liste dressée pour l'année précédente, il n'y aurait lieu à annuler la délibération prise dans ces conditions qu'au cas seulement ou la majorité des plus imposés appelés ne figureraient pas dans la nouvelle liste.

713. — Une autre question s'est présentée. Dans une commune le conseil municipal a été suspendu, une commission municipale nommée par le préfet a pris sa place, et il y a lieu d'appeler les plus imposés. Les conseillers municipaux suspendus peuvent-ils figurer parmi ceux-ci, lorsqu'ils viennent en rang utile sur le tableau des contribuables ? Le ministre interrogé s'est déclaré pour l'affirmative ; le maire devrait donc les convoquer. (Déc. min., 9 mai 1873).

714. — Au jour fixé, il suffit que la moitié des membres convoqués plus un soient présents pour que la délibération soit valable. Si donc tous les conseillers municipaux étaient à leur poste, il suffirait de la présence d'un seul des plus imposés. (Cons. d'Et. 13 janvier 1868. — Dall. 69, 3, 4.)

Si aucun n'était venu, le maire ferait une nouvelle convocation, et en cas de seconde absence, la délibération serait valable quel que fut le nombre des membres présents. (Cons. d'Et. 1er mai 1874. — Dall. 75, 3, 42.)

715. — Mais qu'entend-on par absents ? Sur ce point une instruction du 14 février 1843, donne de précieuses indications. « L'absent, dit-elle, est non-seulement celui qui ne se présente pas, mais encore celui qui ne pourrait pas se présenter. » Ainsi, qu'un des plus imposés soit malade ou en voyage, le maire pourra le remplacer. Mais si l'absent revenait pour le jour dit, il primerait son remplaçant.

716. — Les plus imposés, dès qu'ils assistent régulièrement à la délibération du conseil, ont exactement les mêmes droits que les conseillers ; on pourrait donc prendre parmi eux le secrétaire chargé de dresser le procès-verbal de la délibération.

717. — Mais leurs attributions sont différentes. Il importe donc de rechercher quels sont leurs droits dans l'examen des dépenses pour lesquelles ils doivent voter de nouvelles ressources ? La réponse à cette question a été faite dans une circulaire du 27 mars 1837. « Le conseil municipal, écrivait le ministre, étant le représentant légal des intérêts de la commune, c'est à lui qu'il appartient exclusivement d'apprécier les projets conçus et proposés par le maire ou par ses membres : il doit donc en délibérer préalablement. Une fois ces projets adoptés dans le sein de l'administration municipale, la question de convenance est résolue, et la mission des plus imposés n'est point de la débattre de nouveau ; ils ne sont appelés qu'à reconnaître l'urgence de la dépense et l'insuffisance des revenus communaux pour y pourvoir. »

Ainsi, les plus forts contribuables n'ont pas le droit de discuter l'utilité d'une mesure ; ils peuvent seulement en retarder ou en refuser l'exécution, en ne votant pas les crédits demandés. Mais le projet reste entier, et pourrait être exécuté si le conseil trouvait moyen d'y suffire avec les recettes ordinaires.

Les plus imposés doivent être appelés au conseil toutes les fois qu'il s'agit d'emprunts ou d'impositions extraordinaires, même en dehors de la session consacrée au vote du budget, s'il y a lieu de créer de nouvelles ressources à la commune. Dans ce cas, la convocation peut être faite sans autorisation préfectorale et dix jours avant la séance.

718. — DÉLIBÉRATION AVEC L'ASSISTANCE DES PLUS IMPOSÉS.

L'an mil huit cent..., le..., à... heures du..., le conseil municipal de la commune de..., assisté, conformément à l'article 42 de la loi du 18 juillet 1837, des plus imposés en nombre égal à celui des membres du conseil municipal en exercice, et ne formant qu'un seul corps délibérant se sont réunis au nombre de..., au lieu ordinaire des séances du conseil municipal, sous la présidence de M. le maire, en vertu de l'autorisation de M. le sous-préfet en date du...

Ont été convoqués :

Comme membres du conseil municipal, MM...

Comme plus imposés, MM....

Etaient présents :

Membres du conseil municipal, MM ..

Plus imposés, MM....

Lesquels forment la majorité et peuvent délibérer valablement en exécution de l'article 17 de la loi du 5 mai 1855.

M. le maire, président du conseil, ayant ouvert la séance et fait l'appel nominal, il a été procédé à l'élection d'un secrétaire, en conformité de l'article 19 de loi précitée.

M..., ayant obtenu la majorité des suffrages, a été désigné pour remplir ces fonctions qu'il accepte.

Ces formalités remplies, le président expose au conseil que, etc. (*Rendre compte du but de la réunion et de la délibération prise par l'assemblée.*)

Fait et délibéré à...

(Signatures.)

CHAPITRE XVII

CENTIMES ADDITIONNELS.

Sommaire alphabétique.

---

719. — On a vu que, soit pour parer aux dépenses obligatoires, soit pour assurer le remboursement d'un emprunt, les conseils municipaux
avaient le droit de voter des contributions extraordinaires. Ces contributions s'appellent centimes
additionnels, et peuvent s'appliquer aussi bien
aux dépenses facultatives qu'aux dépenses des
chemins vicinaux et de l'instruction primaire.

720. — Qu'entend-on maintenant par centimes
additionnels ? Il n'est certainement pas d'expression qui ait donné lieu à des interprétations plus

erronées, il est donc nécessaire d'en déterminer nettement le sens.

Le centime additionnel est la centième partie du franc. On l'ajoute au principal des contributions directes, principal qui ne varie jamais ; de telle sorte que le contribuable qui paie 40 fr. de principal, si 5 centimes ont été votés, paiera 42 fr.

Les centimes additionnels qui ne doivent jamais dépasser le maximum fixé chaque année par le conseil général, à moins qu'une loi spéciale ne soit intervenue, sont, ou votés par les conseils, ou imposés d'office. Pour le paiement de condamnations judiciaires, on peut les porter à vingt.

A l'aide de ces indications, il sera plus facile de comprendre les formalités à remplir pour le vote des impôts. Il a d'ailleurs été publié, par les soins du ministère de l'intérieur, un tableau de ces impositions, et des limites dans lesquelles l'action du conseil municipal peut s'exercer.

I

721. — *Impositions votées directement par le conseil sans le concours des plus imposés:*

1° Centimes ordinaires : 5 centimes additionnels au principal de la contribution foncière personnelle mobilière (L. 24 juillet 1867, art. 3) ;

2° Centimes spéciaux pour les chemins vicinaux : 3 centimes additionnels au principal des quatre contributions directes (L. 21 mai 1836, art. 2);

3° Centimes spéciaux pour l'instruction primaire : 4 centimes additionnels aux quatre contributions directes (L. 15 mars 1850, art. 40. L. 19 juil. 1875).

II

722. — *Impositions votées directement par le conseil avec le concours des plus imposés :*

1° Centimes extraordinaires pour les chemins vicinaux ordinaires : 3 centimes additionnels aux quatre contributions directes (L. 1867, art. 3) ;

2° Centimes additionnels pour la gratuité de l'instruction primaire: 4 centimes additionnels aux quatre contributions directes (L. 10 av. 1867, art. 8);

Et 6 centimes en plus si la commune avec les quatre centimes établis par la loi de 1867, les subventions du département et de l'État ne peut faire face aux dépenses de la gratuité (L. 26 déc. 1876);

3° Centimes spéciaux pour traitement des gardes champêtres : .... centimes additionnels au principal des quatre contributions directes (Loi 31 juillet 1867, art. 16) ;

Le maximum de ces centimes n'est pas déterminé par la loi, il est fixé par le conseil municipal (Circ. min. 3 août 1867. — Dall. 67, 3, 73);

4° Centimes extraordinaires pour dépenses obligatoires non annuelles : 5 centimes pendant cinq ans (L. 24 juil. 1867, art. 3) ;

5° Centimes extraordinaires pour dépenses facultatives non annuelles : 5 centimes maximum pendant 5 ans, ou bien le nombre de centimes déterminé par le conseil général.

723. — Dans ces deux dernières catégories, si les centimes à voter ne dépassant pas 6 doivent exister pendant douze ans au plus, le vote du conseil doit être approuvé par le Préfet.

Au-dessus du maximum, et pour une durée supérieure à douze ans, un décret est nécessaire, si la commune a plus de 100,000 francs de revenus. L'approbation préfectorale suffit, si la commune a un revenu inférieur.

Les mêmes règles s'appliquent aux centimes votés pour les dépenses facultatives non annuelles, sauf que les impositions votées par les communes ayant moins de 100,000 francs de revenu, sont approuvées par un décret, et qu'un décret en Conseil d'Etat est nécessaire pour les communes ayant plus de 100,000 francs de revenu.

S'il y a désaccord entre le maire et le conseil, la délibération du conseil n'est exécutoire qu'après approbation du Préfet.

724. — Une observation est ici nécessaire pour donner plus de clarté à cet exposé. Lorsque le conseil municipal a voté les centimes communaux destinés aux dépenses obligatoires et les centimes spéciaux, s'il vote ensuite les centimes extraordinaires dont le maximum est déterminé par le conseil général, faut-il comprendre dans l'évaluation de ce maximum les centimes communaux et spéciaux. La question a été posée et résolue dans plusieurs circulaires ministérielles où nous lisons :

« Il ne saurait être douteux que les centimes communaux destinés aux dépenses obligatoires et facultatives, ainsi que les centimes spéciaux votés en vertu des lois du 21 mai 1836 et du 15 mars 1850 ne se confondront pas avec les centimes extraordinaires que les conseils municipaux pourront voter jusqu'à concurrence du maximum fixé par le conseil général.

« Mais je crois utile d'ajouter qu'on ne devra pas considérer comme compris dans le maximum les centimes extraordinaires et spéciaux destinés au service de l'instruction primaire en vertu de la loi de 1867 (art. 8) et ceux qui sont affectés par l'art. 3 de la loi de finances du 29 déc. 1876 aux dépenses des chemins vicinaux ordinaires. »

(V. aussi circ. min. 23 sept. 1876.)

III

725. — *Impositions approuvées par l'autorité préfectorale ou par décret:*

1° Centimes pour dépenses annuelles obligatoires. En cas d'insuffisance des revenus votés par le conseil avec le concours des plus imposés.

Pour les communes ayant plus de 100.000 francs de revenu, il faut un décret.

2° Centimes pour dépenses annuelles facultatives. Le conseil municipal les vote avec le concours des plus imposés. Ils sont approuvés par décret pour les communes ayant moins de 100,000 fr. de revenu et par décret en Conseil d'Etat pour les autres.

IV

IMPOSITIONS D'OFFICE.

726. — *Centimes imposés d'office pour dépenses obligatoires, quand le conseil municipal assisté des plus imposés n'a pas admis la dépense:*

Le maximum en ce cas est fixé par la loi de finances.

727. — A l'égard de certaines impositions spéciales que les conseils peuvent voter, il sera nécessaire de s'en référer aux décisions de la jurisprudence. Ainsi, il a été décidé qu'un conseil
municipal, même assisté des plus imposés, ne
pourrait, avec la seule approbation du préfet,
créer un impôt spécial pour subvenir à la dépense
d'un égout d'assainissement d'une route nationale.
Il faut l'intervention du gouvernement pour répartir la dépense entre les propriétaires qui pro-
fitent des travaux. (Cons. d'Et. 16 juillet 1870.)

CHAPITRE XVIII

COMPTES DE GESTION DU MAIRE ET DU RECEVEUR MUNICIPAL.

Sommaire alphabétique.

---

728. — Avant de procéder au règlement définitif du budget, le conseil municipal a encore à recevoir et à approuver les comptes de gestion du maire et du receveur municipal.

729. — *Compte de gestion du maire.* — C'est au conseil municipal que le maire, ordonnateur des dépenses, doit présenter ses comptes de gestion pour l'exercice clos au 31 mars de l'année courante. Ce compte offre la reproduction exacte du budget et contient les sommes payées en regard des dépenses votées.

730. — Le conseil a pour mission expresse d'examiner si les mandats délivrés par le maire se rapportent aux crédits votés ; on sait que la destination des fonds de la commune ne peut jamais être changée.

Mais le conseil ne peut modifier les chiffres des comptes présentés. (Inst. min. 20 juin 1859.)

A son compte administratif, le maire joint ses observations écrites, s'il juge utile d'en faire ; il doit aussi se tenir prêt à fournir au conseil toutes les explications qu'on lui demandera.

731. — Après avoir présenté ses comptes, le maire abandonne la présidence du conseil et la cède à un membre élu au scrutin secret. Il peut assister à la délibération, mais doit se retirer au moment du vote.

Le président élu à la place du maire a la charge d'adresser au sous-préfet la délibération prise par le conseil après l'examen des comptes présentés. Lorsque par suite de démission, décès ou révocation, un nouveau maire a été élu dans la commune, le conseil municipal doit se réunir pour approuver le compte arrêté à la date de la cessation des fonctions de l'ancien maire. Ce compte est présenté par le nouveau maire.

732. — Délibération relative aux comptes du
maire sortant de fonctions.

L'an... le...

M. le maire a soumis à l'examen du conseil le compte
d'administration de M. X... ancien maire, ainsi que les
pièces justificatives à l'appui.

Examen fait des dits comptes et pièces, le conseil a
unanimement reconnu l'exactitude des comptes présentés, et a été d'avis de donner décharge au dit sieur X.....
de son administration concernant les deniers de la
commune.

Fait et délibéré à....

(Signatures.)

733. — *Compte de gestion du receveur municipal.* — Le Conseil contrôle ensuite les comptes du
receveur municipal. Il vérifie :

1° Si les recettes portées par évaluation aux
budgets primitifs et supplémentaires ont été ra-
menées, dans ce compte, aux chiffres fixés par
les titres définitifs ;

2° Si le recouvrement des produits restant à
percevoir est bien motivé ;

3° Si les paiements ont été maintenus dans la
limite des crédits ouverts ;

4° S'ils sont appuyés de justifications.

Le compte du receveur municipal sert donc à
contrôler celui du maire, puisqu'il permet de placer en face des mandats délivrés, les paiements
effectués. Pour le rendre plus clair, le receveur
doit le diviser en deux parties, l'une consacrée à
l'année écoulée, et l'autre aux trois mois complémentaires de l'exercice.

Il doit enfin placer en regard des titres les recouvrements effectués et les restes à recouvrer ; en regard des dépenses votées, les sommes payées et les restes à acquitter.

Il est donc facile, à l'aide de ce tableau, de contrôler d'une part, si les recettes ont été toutes effectuées, d'autre part, si les dépenses ont été faites dans la limite des crédits.

Comme le maire, le receveur municipal doit toutes justifications au conseil, et en cas de négligence il peut être déclaré responsable de ses actes et de ses omissions.

734. — Au compte de gestion est joint un état des propriétés foncières et mobilières qui composent la fortune de la commune.

Cet état doit indiquer la nature des titres, leurs dates et les inscriptions hypothécaires s'y rapportant ; il doit comprendre encore les renseignements relatifs aux baux, titres de créance, rentes, procès de la commune. Un tableau annexe donne en outre la comparaison des produits de l'exercice courant et de l'exercice qui précède, et la décomposition détaillée de la différence constatée.

Le conseil a donc tous les éléments nécessaires pour se rendre un compte exact de la situation financière du pays. Ses membres, à chaque session budgétaire, peuvent demander la vente des terres incultes, ou leur exploitation. A eux seuls, on l'a dit maintes fois, l'initiative appartient tout entière.

735. — Avant d'approuver le compte du receveur, le conseil doit encore examiner les états de cotes irrécouvrables présentés par lui. Si les pertes ne sont pas justifiées, il donne un avis défavorable ; dans le cas contraire, il déclare charges communales les produits non recouvrés, ou il en prescrit le report à l'exercice suivant. Les sommes admises en non valeurs sont déduites du montant des produits constatés, ainsi que les sommes reportées, et mention est faite pour ces dernières, de l'obligation imposée au receveur de les comprendre dans le prochain exercice.

736. — Mais le conseil n'a pas le droit de modifier les chiffres des comptes présentés ; il doit seulement les approuver ou les repousser.

Il est bien entendu que pour les dépenses non encore soldées, le report à l'exercice suivant est fait de plein droit, comme l'annulation des crédits ouverts pour des dépenses non entreprises encore. Le conseil, dans ces deux cas, n'a pas à intervenir ; il peut seulement, si la dépense qui n'a pas été faite est nécessaire, la voter une seconde fois.

737. — Les fonctions de receveur municipal sont le plus souvent remplies par le percepteur des contributions ; mais dans les communes dont le revenu dépasse 30,000 fr., le conseil municipal a la faculté de confier la recette à un receveur spécial nommé par le préfet sur une liste de trois membres.

Dans les communes ayant plus de 3 millions de revenu le receveur est nommé par le ministre.

738. — Le conseil reçoit aussi les comptes des receveurs d'octroi. (Ord. 23 juil. 1826.)

739. — DÉLIBÉRATION PRISE SUR LES COMPTES RENDUS AU CONSEIL PAR LE RECEVEUR.

Session ordinaire du... mai 18...

Le conseil municipal de la commune de...

Vu le compte, rendu par le sieur...

percepteur-receveur municipal, de ses recettes et dépenses, depuis le 1er janvier 18.. jusqu'au 21 décembre suivant, lequel comprend : 1° le rappel du compte final de l'exercice 18..; 2° les recettes et les dépenses faites pendant les douze premiers mois de l'exercice 18..; 3° les recettes et les dépenses concernant les services hors budget ;

Vu le détail des opérations finales de l'exercice 18., établi en regard du compte sus-mentionné, et présentant les recettes et les dépenses pour ledit exercice, pendant les trois premiers mois de la gestion 18..;

Vu les pièces justificatives rapportées à l'appui, tant du compte de la gestion 18.., que des opérations complémentaires effectuées en 18 ..

Vu les budgets primitif et additionnel des recettes et dépenses présumées de l'exercice 18.., arrêtées par M. le Préfet du département, et les autorisations spéciales de recette et de dépense délivrées pendant le dit exercice.

Après avoir entendu et approuvé le compte administratif dans lequel M. le Maire a exposé les motifs des dépenses par lui mandatées, la manière dont elles ont été effectuées, et l'utilité que la commune en a retiré ;

Considérant que les recettes et les dépenses ont été régulièrement faites ;

Ou bien que telles recettes (désigner celles-ci) sont en souffrance, et que tels crédits (désigner les crédits) ont été dépassés ;

DÉLIBÈRE :

ARTICLE 1er. — STATUANT sur la situation du Comptable au 31 décembre 18.. sauf le règlement et l'apurement

par le conseil de préfecture, conformément à l'article
66 de la loi du 18 juillet 1837,'le Conseil admet les recettes de la gestion 18.. pour la somme de. .

Les dépenses, pour celle de . . . .

FIXE l'excédant de la dépense à. . . . . .

Et attendu que, par l'arrêté du compte précédent, le comptable a été reconnu débiteur de

DÉCLARE le Comptable débiteur, sur son
compte de la gestion 18.., de la somme de

ART. 2. — STATUANT sur les opérations de l'exercice
18.., sauf le règlement et l'apurement

$$\text{par . . . .}\begin{cases} \text{la Cour des comptes,} \\ \text{le Conseil de préfecture,} \end{cases}$$

le Conseil admet les opérations effectuées, tant pendant
la gestion 18.. que pendant les trois premiers mois de la
gestion 18.., savoir :

En recette, pour. . . . . .F

En dépense, pour . . . .

$$\text{D'où résulte un excédant de}\begin{cases} \text{recette} \\ \text{dépense} \end{cases}\text{de. .}$$

Le résultat définitif de l'exercice 18.. ayant

$$\text{présenté un excédant de}\begin{cases} \text{recette} \\ \text{dépense} \end{cases}\text{de. . .}$$

Le résultat définitif de l'exercice 18.., égal
au résultat du compte d'administration du
même exercice,

$$\text{est un excédant de}\begin{cases} \text{recette} \\ \text{dépense} \end{cases}\text{de . . .}$$

ART. 3. — Le Conseil demande qu'il plaise (à la Cour
des comptes, au Conseil de préfecture), faisant droit
aux motifs ci-dessus énoncés, exiger du Comptable ,
savoir :

(Rapporter ici les recettes à opérer ou les dépenses à

régulariser, ou bien, dans le cas de bonne gestion, déclarer le Comptable libéré.)

Fait et délibéré à...

(Signatures)

740. — En dehors de la présentation de ce compte le receveur municipal doit présenter le 31 décembre de chaque année ses registres et ses comptes d'excédant de recettes. La constatation de cet excédant est faite par le maire assisté d'un membre du conseil municipal.

CHAPITRE XIX

CLOTURE DU BUDGET

Sommaire alphabétique.

———

741. — Les recettes et les dépenses ayant été votées, les comptes administratifs apurés et approuvés, le conseil procède au règlement définitif du budget. Il détermine, s'il y a lieu, l'excédant de recettes applicable à l'exercice suivant, et, s'il y a un excédant de dépenses, ce qui est absolument anormal, il en fait seulement mention au procès-verbal du règlement, en ajoutant que dans l'exercice suivant se trouvera une recette correspondante au déficit constaté, et il le place dès lors en regard des restes à recouvrer.

S'il n'y a ni restes à recouvrer, ni à payer, mention en est faite dans la délibération qui tient alors lieu de toute justification.

742. — Nous avons énuméré les droits et les devoirs du conseil municipal en ce qui touche la plus importante de ses attributions ; le règlement du budget communal. Une dernière observation est nécessaire.

En dehors des dépenses obligatoires, sa liberté est absolue, mais il doit se préoccuper surtout d'assurer des ressources spéciales aux services spéciaux, car les sommes votées pour chacun d'eux leur sont entièrement consacrées et ne pourraient, même en cas d'excédant, être affectées à une autre dépense. C'est dans ce but que les centimes spéciaux ont été créés, et il serait contraire à la loi autant qu'imprudent, de compter sur des excédants éventuels pour couvrir certains déficits.

743. — Cela fait, et si les dépenses se balancent avec les recettes, le budget sera dit en équilibre. Il le serait *a fortiori* s'il y avait un excédant de recettes acquis qu'on put consacrer à des dépenses spéciales, ou réserver pour faire face aux charges éventuelles. Ce crédit toutefois ne peut dépasser le 10ᵉ des recettes ordinaires ; un excédant exagéré permettrait de supposer que le Conseil a fait preuve d'un esprit d'économie dangereux.

744. — Le plus souvent, il n'est pas possible de déterminer dans un budget la situation financière de la commune, d'une manière absolue et exacte ; c'est alors qu'on vote un budget supplémentaire qui a pour but de rattacher l'exercice courant à l'exercice antérieur. On y fait figurer les recettes et dépenses non prévues au budget primitif, ainsi que les reliquats de l'exercice clos, et les restes à recouvrer ou à payer.

Ce budget, d'ailleurs, ne modifie en rien le budget primitif ; il ne peut mentionner que les recettes et les dépenses autorisées dans le cours de l'exercice et celles qui par leur nature ne sauraient être prévues, ainsi les secours extraordinaires.

745. — L'emploi des crédits supplémentaires appartient au maire, qui doit, dans les communes chefs-lieux d'arrondissement, demander l'autorisation du préfet, et dans les autres, celle du sous-préfet. En cas d'urgence, le maire pourrait se dispenser de demander l'autorisation, mais à charge de rendre compte de la dépense au conseil municipal, à sa prochaine session.

Si, dans le cours d'un exercice, l'administration municipale est obligée de faire face à des dépenses non prévues dans le budget voté, les conseils municipaux ont le droit de voter des crédits supplémentaires et additionnels. La délibération a lieu en session ordinaire ou extraordinaire, et les crédits approuvés par le préfet doivent être rattachés au budget de l'année pour laquelle ils ont été accordés.

746. — Le budget définitif est voté par le conseil et dans le procès-verbal de la délibération, on doit consigner le résultat de l'examen des comptes, ainsi que les observations faites par les conseillers municipaux.

5.

747. — BUDGET SUPPLÉMENTAIRE.

Département de... Arrondissement de... Commune de...
Chapitres additionnels au budget de...

TITRE I. — RECETTES.

N°s D'ORDRE	NATURE DES RECETTES	Recettes proposées			Recettes admises par le préfet	OBSERVATIONS
		par le maire	par le conseil municipal	par le sous-préfet		
	CHAPITRE III. *Recettes supplémentaires.* SECTION I. Reports.					
1	Excédant de l'exercice précédent.					
	Restes à recouvrer des anciens exercices.					
2	Rétribution scolaire.					
	SECTION II. *Recettes non prévues au budget de..*					
3	Vente de...					
	Total des recettes supplémentaires.					

TITRE II. — DÉPENSES.

N°s D'ORDRE	NATURE DES DÉPENSES	Crédits proposés			Crédits alloués par le préfet	OBSERVATIONS
		par le maire	par le conseil municipal	par le sous-préfet		
	CHAPITRE III. *Dépenses supplémentaires* SECTION I. Reports.					
	Crédits annulés. — Dépenses restant à payer à la clôture de l'exercice précédent, savoir :					
1	Entretien de la maison commune.					
	A reporter.					

| Nos D'ORDRE | NATURE DES DÉPENSES | Crédits proposés | | | Crédits alloués par le préfet | OBSERVATIONS |
		par le maire	par le conseil municipal	par le sous-préfet		
	Reports.					
	SECTION II.					
	Crédits et portion de crédits non employés au 31 décembre... et reportés à l'exercice... pour recevoir leur affectation spéciale.					
2	Construction de...					
	SECTION III.					
	Crédits supplémentaires de diverses natures.					
3	Réparation de...					
	Total des dépenses supplémentaires.					

RÉCAPITULATION.

Recettes supplémentaires.
Dépenses supplémentaires.

Excédant { de recettes.
{ de dépenses.

Le présent budget supplémentaire dressé par nous, maire et membres du conseil municipal de la commune de... réunis en session ordinaire conformément à la loi.

Fait et délibéré à.... le....

(*Signatures.*)

CHAPITRE XX

APPROBATION DU BUDGET.

Sommaire alphabétique.

---

748. — Le budget réglé est adressé au préfet qui approuve celui des communes ayant moins de 100,000 fr. de revenus. Les budgets dépassant

100,000 fr. et inférieurs à 3 millions sont soumis au ministre.

Les budgets supérieurs sont approuvés par le chef de l'Etat.

749. — Quant au budget supplémentaire dressé dans la session de mai, et qui reste ouvert pendant tout l'exercice, il est approuvé de la même manière. (Circ. min. 4 mai 1876.)

750. — L'autorité qui doit approuver ces deux budgets distincts peut les réduire ou en rejeter les dépenses, mais ne peut les augmenter qu'autant qu'il s'agirait d'une dépense obligatoire. Une dépense facultative ne peut jamais être modifiée lorsque le budget pourvoit à toutes les dépenses obligatoires et n'applique aucune recette extraordinaire aux dépenses facultatives ou obligatoires (Circ. min. 3 août 1867. — Dall. 67, 3. 73.)

Différentes questions ont été soulevées à l'occasion des inscriptions et impositions d'office. Nous devons les passer en revue.

751. — En ce qui touche l'instruction primaire le préfet peut inscrire d'office le traitement de l'instituteur, mais dans le cas où il s'agit de frères employés dans une école communale, le préfet ne peut inscrire au budget que le traitement d'un seul d'entre eux; celui des autres doit être réglé d'après le tarif inscrit dans la loi pour le traitement des instituteurs adjoints. (Cons. d'Et. 9 mars 1870).

752. — Lorsque la reconstruction d'une église a été reconnue nécessaire et que le conseil municipal a refusé de voter les fonds, le préfet inscrit la dépense d'office.

753 — Et s'il y a lieu pour subvenir à cette dépense d'établir une contribution extraordinaire que le conseil et les plus imposés refusent de voter; cette contribution est établie par un décret délibéré en conseil d'Etat. (Décr. 4 nov. 1876.)

L'obligation cesserait cependant si les formalités légales n'avaient pas été accomplies. C'est ce qu'a décidé le conseil d'Etat par les motifs suivants.

« Considérant que d'après l'art. 95 du décr. du 30 nov. 1809, lorsqu'une fabrique demande le concours de la commune pour pourvoir aux réparations des édifices consacrés au culte, le préfet doit nommer les gens de l'art par lesquels, en présence de l'un des membres du conseil municipal et de l'un des marguilliers, il est dressé un devis estimatif des réparations ; que le préfet doit soumettre ce devis au conseil municipal, et, sur son avis, ordonner, s'il y a lieu, que ces réparations soient faites aux frais de la commune et, en conséquence qu'il soit procédé par le conseil municipal en la forme accoutumée à l'adjudication au rabais;

« Que d'après l'article 98, le préfet ne peut ordonner que les dépenses pour réparations ou reconstructions soient payées sur les revenus communaux qu'autant que les formes prescrites par l'art. 55 auront été observées. »
(Cons. d'Et. 18 fév. 1878.)

754. — Nous avons vu que le préfet pouvait inscrire d'office une dépense obligatoire, mais il n'a pas le droit de l'ordonner d'office (Cons. d'Et. 13 fév. 1874. — Dall. 74, 3, 96. — Cons. d'Et. 12 fév. 1875. — Dall. 75, 5, 86.)

755. L'inscription d'office peut s'appliquer à une dépense qui se rapporte à un exercice clos et déjà approuvé. (Cons. d'Et. 16 juillet 1876. — Dall. 76, 3, 21.)

C'est ce qui a été spécialement décidé pour la différence existant entre la somme déterminée par le conseil général pour le contingent d'une commune dans les dépenses de grande communication et la somme insuffisante votée par 'le conseil municipal. (Cons. d'Et. 29 nov. 1876. — Dall. 77, 3, 22. — V. aussi Cons. d'Et, 19 août 1875. — Dall. 76, 3, 23. — Cons. d'Et. 24 nov. 1876. — Dall. 77, 3, 22.)

756. — Avant l'inscription 'd'office le conseil municipal doit toujours être mis en demeure et appelé à délibérer une seconde fois. (Cons. d'Et. 10 fév. 1869. — Dall. 69, 3, 52. — Cons. d'Et. 24 janvier 1872. — Dall. 72. 2, 59. — Cons. d'Et. 28 janvier 1876. — Dall. 76, 3. 52. — Cons. d'Et. 12 janvier 1877. — Dall. 77, 3, 42.)

757. Et il en est ainsi spécialement dans les communes chefs-lieux de département dans lesquelles le préfet fait fonctions de préfet de police, même s'il s'agit des dépenses de la police municipale. Cette décision a été appuyée par des raisons d'une grande force que nous trouvons exposées dans les conclusions de M. l'avocat général Reverchon, à la Cour de cassation :

Parmi les objets sur lesquels le conseil municipal délibère se trouvent le budget de la commune, et en général toutes les recettes et dépenses, soit ordinaires, soit extraordinaires. Une fois que le conseil municipal a alloué un crédit pour une certaine dépense obligatoire ou facultative, le maire se meut librement dans les limites de cette allocation. Si le crédit devient insuffisant au cours de l'exercice, l'art. 34, L. 1837, exige que les crédits nouveaux qui deviennent alors nécessaires soient délibérés conformément aux articles précédents. L'art. 37 a même permis au conseil municipal de porter d'avance au budget un crédit déterminé pour dépenses imprévues. En dehors de ces prescriptions, si le maire dépasse le vote du conseil municipal, il le dépasse à ses risques et périls et à ceux de l'individu qui contracte avec lui, la commune ne sera tenue qu'autant que le conseil municipal ratifiera l'acte du maire.

Ce que nous venons de dire est élémentaire, en ce sens que la commune ne peut être tenue comme contractante qu'à ces conditions. Elle peut bien être tenue à un autre titre, par exemple en vertu des règles de la gestion d'affaires. (Cons. 15 juillet 1373. — D. 73, 1, 447) dont le conseil d'Etat fait l'application aux communes. Mais autre chose est un contrat dont les parties ont respectivement le droit de réclamer et l'obligation de subir 'exécution pure et simple quelque onéreux qu'elle puisse être pour l'une ou avantageuse pour l'autre, autre chose est la gestion d'affaire, par suite de laquelle celui dont l'affaire a été gérée n'est tenu que jusqu'à concurrence du profit qu'il en a retiré. Dans l'espèce le débat n'a point porté sur la gestion d'affaires, il n'a porté et ne peut porter ici que sur le terrain des contrats, l'arrêt attaqué ayant pensé que la ville était tenue, par le fait seul du préfet, comme si elle avait contracté par l'intermédiaire du conseil municipal.

Il n'y a du reste pas de différence à faire, à ce point de vue, entre les dépenses obligatoires et les dépenses facultatives ; la délibération préalable du conseil municipal est exigée par la loi dans l'un et l'autre cas. Un maire, par exemple, demande à son conseil un crédit pour une fête publique, c'est-à-dire pour une dépense facultative ; si le conseil refuse, il n'existe aucun moyen de passer outre, et si le maire ne tient pas compte de ce refus les fournisseurs n'ont d'action que contre lui, ils n'en auront aucune contre la commune. Un maire, au contraire, demande un crédit pour frais de bureau afférents au service de la commune c'est à dire pour une dépense obligatoire, si le conseil municipal refuse, l'administration peut contraindre la commune en suivant la marche tracée par l'art. 39 de la loi de 1837, mais, même en ce cas, le conseil municipal doit préalablement délibérer. D'abord il peut contester, en droit, le caractère obligatoire de telle ou telle dépense. De plus, il peut, sans discuter le principe, discuter l'opportunité ou la quantité des allocations demandées ; l'autorité supérieure appréciera, mais n'appréciera qu'après que le conseil municipal aura délibéré. Et non seulement il doit délibérer une fois, mais deux fois ; la jurisprudence du conseil d'Etat exige que lorsqu'un conseil municipal a refusé de voter une dépense qui paraît obligatoire, le préfet avant de prescrire ou de provoquer l'inscription d'office au budget avertisse ce conseil de la mesure à laquelle il s'expose et l'invite à délibérer de nouveau en présence de cet avertissement. Le conseil d'Etat l'exige ainsi pour respecter autant que possible le droit des conseillers municipaux et pour ne prendre qu'à la dernière extrémité la mesure irritante de l'inscription d'office.

Voilà le droit commun établi par la loi de 1837 et l'on voit avec quelle sagesse le législateur de cette époque, tout en respectant les prérogatives supérieures du gouvernement et tout en assurant les services communaux réellement indispensables, a su faire une large part à la liberté et à la vie municipale ; l'on voit aussi comment la jurisprudence administrative a su à son tour se pénétrer du même esprit. Donc s'il s'agissait d'une commune dont la population est inférieure à 40,000 âmes il ne pourrait y avoir aucune difficulté. Maintenant la loi de 1855 qui a transféré au préfet dans les villes de plus de 40,000 âmes, non seulement les attributions des maires, ce qui est incontestable lui a-t-elle conféré aussi celles des conseils municipaux? La négative résulte soit du texte de la loi, soit de l'intention formelle de ses auteurs, soit de l'exécution qu'elle a reçue.

Prenons le texte d'abord. Le 1er § de l'art. 50, L. 1855 est ainsi conçu: « Dans les communes chefs-lieux de département de plus de 40,000 âmes, le préfet remplit les fonctions de préfet de police telles qu'elles sont réglées par les dispositions actuellement en vigueur de l'arrêté du 12 messidor an VIII. » Eh bien, comment les choses se passent-elles actuellement à la préfecture de police? A Paris les dépenses de la police municipale sont partagées entre la ville et l'état dans une proportion fixée par un décret du 17 sept. 1854; or, en ce qui concerne la part à la charge de la ville et qui est obligatoire pour elle, le conseil municipal est toujours appelé, comme il doit l'être, à voter cette dépense, et quoiqu'il ne puisse pas en contester le principe, il peut en discuter et il en discute souvent le montant; l'inscription d'office ne pourrait être faite soit pour le tout, soit pour partie qu'après qu'il aurait été appelé à en délibérer, et les mêmes règles s'appliquent aux crédits supplémentaires qui peuvent être reconnus nécessaires en cours d'exercice après le vote du budget...

L'exposé des motifs de la loi de 1855, établit d'ailleurs que le gouvernement voulait substituer les préfets aux maires, dans les villes de plus de 40,000 âmes, pour la plupart des attributions de ceux-ci mais qu'il n'a jamais songé à les substituer aux conseils municipaux. Il y a si peu songé que les deux derniers paragraphes de l'art. 50 de la loi de 1855 ont précisément réservé aux conseils municipaux le droit de voter chaque année sur la proposition du préfet, les allocations destinées à chacun des services dont les maires de ces villes cessent d'être chargés; si le conseil municipal est appelé à voter, il faut bien que cette attribution ait un sens. Or, elle n'en a aucun s'il ne peut rien refuser, s'il ne peut discuter ni l'opportunité ni la quantité de la dépense. (Dall. 77, 1, 265.)

758. — La dépense est réglée d'office par le préfet d'après sa quotité moyenne, s'il s'agit d'une dépense annuelle et variable. Cette moyenne est établie d'après les trois derniers exercices.

S'il s'agit d'une dépense fixe, elle est réglée d'après sa quotité réelle.

759. — L'approbation préfectorale donne au budget communal force exécutoire, mais à la condition que la délibération approuvée soit bien la dernière expression de la volonté du conseil municipal. Ainsi il a été décidé que le préfet ne pouvait valablement approuver une délibération relative à un emprunt, lorsque par une délibération postérieure le conseil était revenu sur son vote. (Cons. d'Et. 26 mars 1870. — Dall. 71, 3, 75.)

Cette décision doit être étendue à toutes les délibérations. (V. aussi. Cons. d'Et. 3 déc. 1864. — Cons. d'Et. 5 juin 1875. — Dall. 76, 3. 8.)

Et même à celles qui émaneraient d'un précédent conseil. (Cons. d'Et. 21 déc. 1842.)

760. — L'effet de l'approbation préfectorale est limité à la dépense même et ne peut avoir d'influence sur des déterminations qui sont de la compétence exclusive de l'administration. Ainsi il a été décidé que l'approbation donnée par le préfet à un budget sur lequel le conseil municipal a annulé le traitement du garde-champêtre ne peut être considérée comme une révocation de cet agent. (Cons. d'Et. 12 juin 1874. — Dall. 75. 3, 63.)

761. — Une dernière question peut se poser encore.

Qu'adviendrait-il si le conseil municipal d'une commune rejetait le budget dans son ensemble? Dans ce cas, heureusement très-rare, et que les passions politiques peuvent seules expliquer, le préfet dresserait d'office un budget dans lequel seraient seulement comprises les dépenses obligatoires.

762. — Si un maire refusait de présenter le budget au conseil municipal, le préfet pourrait procéder à cette formalité par lui-même ou par un délégué, sur l'initiative du conseil ou d'un de ses membres.

CHAPITRE XXI

SESSIONS EXTRAORDINAIRES.

Sommaire alphabétique.

763. — Quand la session légale n'a pas suffi à un conseil municipal pour terminer des travaux qui ne sauraient être différés de trois mois, et toutes les fois que l'intérêt de la commune l'exige, l'autorité peut, d'office ou sur demande, accorder au conseil le droit de se réunir extraordinairement.

.764 — La demande est faite par le maire ou par le tiers des conseillers pour un objet déterminé, et le sous-préfet dans le premier cas, le préfet dans le second, ne peuvent refuser l'autorisation que par un arrêté motivé.

765. — Cet arrêté est notifié aux réclamants qui peuvent se pourvoir devant le ministre, et devant le conseil d'Etat après la décision du ministre, mais seulement pour excès de pouvoir, (Cons. d'Et. Rec. Lebon, 3 mars 1876.)

766. — Si la convocation est autorisée, elle doit être faite cinq jours avant celui de la réunion, et le conseil ne peut s'occuper que des objets pour lesquels il a été spécialement convoqué. Toute délibération portant sur d'autres matières serait annulée.

767. — Quand la demande a été faite par le tiers des conseillers municipaux, on peut admettre que c'est à la suite d'un désaccord entre le conseil et le maire. Dans ce cas, comme il ne saurait dépendre de la mauvaise volonté d'un administrateur de mettre en péril les intérêts de la commune, si le maire refusait la présidence du conseil qui lui appartient de droit, et que l'adjoint suivît son exemple, le premier conseiller municipal inscrit au tableau les remplacerait, et dès lors, par la délégation de la loi, se trouverait investi de toutes les attributions qui appartiennent au maire. Il se ferait donc remettre le registre des délibérations et présiderait la séance.

768. — PROCÈS-VERBAL D'UNE SESSION EXTRAORDINAIRE.

L'an 18.... le... le conseil municipal de la commune de... convoqué extraordinairement en vertu de l'autorisation de M. (*le Préfet ou le Sous-Préfet*) en date du.... à l'effet de délibérer sur... et réuni à la maison commune en la salle de ses séances, sous la présidence de M... (*maire ou adjoint.*)

Présents : MM. ....
Absents : MM.. ..
Le secrétaire a été élu (ou le secrétaire de la mairie a été chargé de tenir le registre des délibérations).

M. le Président a ouvert la séance et a exposé (*mentionner l'objet spécial de la réunion.*)

Lecture faite du procès-verbal, les membres présents ont signé.

(Signatures.)

769. — En dehors de ces réunions extraordinaires et des sessions légales, toute délibération est interdite aux conseillers municipaux ; ils n'ont pas même le droit de nommer des commissions chargées pendant l'intervalle des sessions, de surveiller la gestion du maire, de diriger certains travaux, ou même d'inspecter les écoles de la commune, dans le but d'adresser un rapport au conseil lors de ses sessions. (Circ. min. 28 octobre 1874 ; décr. 8 juillet 1875.)

CHAPITRE XXII

ANNULATIONS.

Sommaire alphabétique.

---

770. On a vu que dans certains cas la loi déclarait nulles les délibérations des conseils municipaux, mais cette nullité n'a pas lieu de plein droit.

C'est, en effet, au préfet qu'il appartient de prononcer la nullité. Il le fait en conseil de préfecture toutes les fois que la délibération a porté sur un objet étranger aux attributions du conseil municipal, ou si elle a été prise hors d'une réunion légale.

771. — Le Préfet seul a le droit d'annuler une décision du conseil, dans les trente jours de sa réception, soit d'office pour violation d'une disposition de la loi ou d'un règlement d'administration publique, soit sur la réclamation de toute partie intéressée ; il a de plus le droit de suspendre l'exécution de la délibération pendant un nouveau délai d'un mois quand le conseil a délibéré sur les matières que la loi lui permet de régler souverainement. Si la délibération a été prise en vertu de l'article 1er de la loi de 1867 qui a été cité plus haut, le préfet doit prévenir d'abord les habitants qu'ils pourront se rendre à la mairie pour présenter leurs observations. Enfin, le préfet a encore le droit d'annulation même pour les matières déférées aux conseils municipaux par la loi de 1867, toutes les fois qu'un désaccord s'est produit entre le maire et les conseillers. Mais il doit tenir le plus grand compte de la décision prise par les représentants de la commune.

772. — Après les trente jours écoulés, le droit du préfet est éteint, et les délibérations des conseils municipaux sur les matières qu'ils peuvent régler souverainement deviennent exécutoires de plein droit. (L. 1837, art. 17. — L. 24 juillet 1867, art. 1er. — Cons. d'Et. 17 nov. 1876. — Dall. 77, 3, 12. — Dans ce sens : Aucoc. Confér. admin. n° 221. — Dall. Jur. gén. V. *Commune* n° 370. — Batbie, Dr. adm. IV, 344. — Contrà Dufour, Dr. adm. III. p. 636.)

A notre sens la controverse sur ce point est stérile, car le texte de la loi ne peut laisser place à aucune hésitation.

773. — Quand le Préfet a annulé une délibération, il n'y a pas de recours contentieux contre son arrêté ; c'est donc au ministre que les réclamants doivent s'adresser. (Cons. d'Et. 23 janv. et

27 fév. 1874. — Cons. d'Et. Rec. Lebon 1876, p. 700 et 21 juillet 1877. — V. aussi Rec. Lebon 1876, p. 700. — Cons. d'Et. 9 nov. 1877. — France jud. 78, 2, 66.)

La décision du ministre peut être déférée au conseil d'Etat par le conseil municipal. (Cons. d'Et. Rec. Lebon, 21 juillet 1877.)

Et même par un simple particulier en son propre nom, s'il justifie d'un intérêt personnel. (V. Cons. d'Et. 6 nov. 1877. — France. jud. Loc. cit.)

Ajoutons que si le ministre a reconnu qu'une délibération était irrégulière et a invité le préfet a l'annuler et à rapporter l'arrêté d'approbation, il n'y a pas là excès de pouvoir de la part du préfet. (Cons. d'Et. 25 juin 1875. — Dall. 76, 3, 19.)

CHAPITRE XXIII

SUSPENSION. — DISSOLUTION.

Sommaire alphabétique.

---

774. — Les conseils municipaux qui auraient dans leurs délibérations violé la loi, ou fait un acte d'hostilité contre le gouvernement, peuvent être suspendus par le préfet pour une période de deux mois que le ministre a la faculté de porter à une année. A l'expiration de ce délai, si la dissolution n'a pas été prononcée par un décret, le conseil reprend ses fonctions. (Cons. d'Et. 24 juin 1868. — Dall. 69, 3, 81.)

775. — Cette mesure est prise par le préfet sous

sa responsabilité personnelle et ne peut être l'objet d'aucun recours. (Cons. d'Et. 13 mars 1873, — Dall. 73, 3, 59. — Cons. d'Et. 4 juin 1875. — Dall. 76, 3, 20. — Cons. d'Et. 25 juin 1857. — 71, 5, 77.)

Sinon pour excès de pouvoir et devant le conseil d'Etat lorsque l'arrêté n'a pas été motivé. (Cons. d'Et. 4 juin 1875.)

776. — La suspension d'un conseil municipal peut être motivée par une circonstance de fait qui ne se rattache en rien à un abus de pouvoir ou à une résistance de sa part, ainsi lorsque les membres d'un conseil sont en majorité intéressés dans une affaire, le préfet peut le suspendre et nommer une commission qui prendra la mesure déterminée à la place du conseil. (Cons. d'Et. 24 juin 1868. — Dall. 69, 3, 81.)

777. — La suspension dans ce cas dure deux mois. (Cons. d'Et. Ibid.)

778. — Le droit de dissolution appartient au chef de l'Etat qui peut la prononcer même quand le conseil n'a pas été suspendu par le préfet, et même quand le conseil tout entier a donné sa démission, si cette démission n'a pas été acceptée. (Cons. d'Et. 13 février 1869. — Dall. 70, 3, 36.)

779. — Pour remplacer le conseil suspendu, le préfet nomme immédiatement une commission municipale qui a les mêmes droits et les mêmes fonctions. En cas de dissolution, la commission est nommée par le préfet dans les communes ayant moins de 3,000 habitants, et par le chef de l'Etat pour les autres. Le nombre des membres qui doivent composer la commission n'est pas déterminé, mais il ne peut être inférieur à la moitié des conseillers municipaux suspendus ou dissous.

Enfin, depuis la loi de 1855, la commission municipale peut être maintenue en fonctions jusqu'aux élections générales.

780. — Mais le préfet peut convoquer les électeurs pour nommer les conseillers municipaux, sans que la commission municipale soit dissoute par décret. (Cons. d'Et. 10 juil. 1874. — Dall. 75, 3, 67.)

781. — Le droit de suspension que la loi a accordé au préfet est pour lui facultatif, mais il est un cas particulier dans lequel cette faculté cesserait. Si un conseil municipal s'est mis en communication avec un ou plusieurs autres conseils, ou s'il a publié des proclamations ou adresses, il doit être immédiatement suspendu.

Cette dernière disposition de la loi n'est pas inutile à rappeler car elle est essentielle : il faut que les conseillers sachent à quelle peine ils s'exposent quand ils veulent entrer dans le domaine de la politique. Leurs fonctions, qu'ils ne l'oublient pas, sont absolument et exclusivement municipales. Mandataires administratifs de leur commune, ils ont ses affaires entre les mains, mais si leurs vœux en matière d'intérêt local peuvent être écoutés, toute adresse politique, signée par des conseillers municipaux avec indication de leur qualité, constitue un abus de pouvoir que le gouvernement a le devoir de réprimer aussitôt. (Cass. 17 mai 1873. — Dall. 74, 1, 44.)

Chacun son métier, dit un fabuliste. Le métier des conseillers de nos communes n'est pas de jouer aux députés, mais de faire des affaires. C'est le meilleur avis que l'on puisse donner aux membres des conseils municipaux de France.

782. — Par adresses émanées d'un conseil municipal il faut entendre les manifestations d'une pensée collective. Ainsi il a été décidé que les adresses signées du maire, de l'adjoint et des conseillers municipaux en leur qualité officielle, devaient être considérées comme émanant du conseil municipal lui-même, alors surtout qu'elles indiquaient l'unanimité des membres ou le refus de quelques-uns. (Cass. 17 mai 1873. — Dall. 74, 1, 44.)

Et cela alors même que les signataires auraient déclaré n'agir qu'en leur nom personnel. (Ibid.)

La publication de l'adresse interdite dans un journal, ne constitue pas un délit de presse, mais une simple contravention. (Trib. Lyon, 6 juin 1871. — Dall. 71, 3, 40.)

CHAPITRE XXIV

VOIES DE RECOURS.

Sommaire alphabétique.

---

783. — Il peut arriver qu'une ou plusieurs personnes se croient lésées par la délibération d'un conseil municipal; quel recours ces personnes peuvent-elles avoir contre la décision qui leur préjudicie ?

Quoique, à vrai dire, il n'y ait pas de recours légal contre les décisions d'un conseil agissant dans la plénitude de sa souveraineté légale, les intéressés ont cependant un moyen d'obtenir justice. Comme les délibérations prises ne deviennent exécutoires que trente jours après leur communication au préfet, et que celui-ci a un délai de deux mois pour les annuler, les personnes lésées doivent adresser leur plainte au préfet qui verra s'il y a lieu, non pas de réformer, mais d'annuler la délibération pour violation de la loi.

Quand le conseil n'a fait qu'exercer ses fonctions délibératives, il est bien plus facile encore d'obtenir justice ; comme le préfet n'est pas lié par la délibération et que lui seul peut ordonner l'exécution, il statuera sur les réclamations des tiers.

Au cas où le préfet maintiendrait la délibération et ne croirait pas devoir faire droit à une plainte, c'est au ministre qu'il faudrait recourir, le Conseil d'Etat ne pouvant être saisi que s'il y a eu de la part du préfet incompétence ou excès de pouvoir.

784. — Ainsi il a été décidé que le refus de l'administration d'inscrire d'office une dépense, ne donnait pas au créancier de la commune un recours contentieux devant le conseil d'Etat. (Cons. d'Et. 15 janv. 1875. — Dall. 75, 3, 94. — Cons. d'Et. 4 août 1876. — Dall. 76, 3, 100.)

785. — Les intéressés qui auraient à se plaindre d'une omission, ont seulement le droit de demander au préfet l'inscription d'office. (Cons. d'Et. 11 avril 1872. — Dall. 73, 3, 2.)

Mais ce recours ne pourrait avoir d'effet, que si la dépense omise était une dépense obligatoire. En dehors de ce cas spécial les intéressés n'ont d'autre ressource que de former une demande en justice.

786. — La délibération du conseil municipal qui a voté le budget ne peut être déférée au conseil d'Etat pour excès de pouvoir. Et il a même été décidé que le moyen tiré de l'irrégularité d'une inscription d'office au budget ne pouvait être relevé d'office par le conseil d'Etat. (Cons. d'Et. 16 juil. 1875. — Dall. 76, 3, 21.)

787. — Le principe posé est donc certain, il n'y a pas de recours contentieux contre la délibération du conseil municipal, mais la règle souffre une exception lorsqu'il s'agit d'une imposition votée, car les contribuables peuvent attaquer devant le conseil de préfecture la délibération même approuvée par décret, au point de vue de la répartition de l'imposition établie. (Cons. d'Et. 2 févr. 1870. — Dall. 71, 3, 15.)

788. — C'est ainsi qu'il a été décidé avec raison qu'un contribuable ne pouvait être tenu de supporter sa part de l'imposition extraordinaire établie pour l'acquittement des frais et des dommages-intérêts qu'une commune aurait à supporter par suite d'un procès gagné par ce contribuable et dans lequel la commune aurait été appelée en garantie. (Cons. d'Et. 30 avril 1870. — Dall. 71, 3, 64.)

789. — Les contribuables peuvent demander décharge des centimes additionnels qui leur sont imposés s'ils prouvent que les ressources ordinaires de la commune suffisent aux dépenses obligatoires.

L'opinion adverse a été soutenue devant le conseil d'Etat, par le ministre, dans les termes suivants:

« Sans doute la loi du 15 mars 1850, art. 40, n'a rendu obligatoire le vote des centimes spéciaux que dans le cas d'insuffisance des ressources ordinaires ; mais il ne s'ensuit nullement que dans l'hypothèse contraire, le recours à l'imposition autorisée par la loi des finances leur soit interdit et que le montant des dépenses de l'instruction primaire doive nécessairement être prélevé sur l'excédant des revenus. Il est évident que lorsqu'une commune trouve dans le produit des revenus spéciaux tels que subventions, dons ou legs, les moyens d'assurer les dépenses de l'enseignement, elle ne doit pas faire usage des ressources créées par la loi de 1850 ; mais en dehors de cette situation fort rare, il faut considérer les centimes spéciaux comme une ressource ordinaire que les communes sont toujours libres d'utiliser jusqu'à concurrence des allocations réclamées pour le service ; cette interprétation est conforme à l'esprit des lois de 1833, 1850 et 10 avril 1867 qui, en imposant aux communes des charges nouvelles, ont voulu mettre à leur disposition des ressources correspondantes pour y faire face.

« La doctrine contraire qui a été consacrée par un arrêt du Conseil d'Etat du 11 août 1869 (Dall. 70, 3, 71). aurait pour résultat de troubler profondément la situation budgétaire d'un grand nombre de communes qui, malgré l'excédant apparent de leurs revenus, ont jusqu'à présent, tant pour assurer la marche de leurs services ordinaires que pour faire face à des engagements régulièrement contractés, utilisé toutes les ressources que la loi met à leur disposition. »

Mais cette thèse n'a pas été admise par le conseil d'Etat. (Cons. d'Et. 18 juin 1875. — Dall. 76, 3 4. — V. aussi. Cons. d'Et. 11 août 1869. — Dall. 70, 3, 71.)

790. — Cependant si l'emprunt avait été autorisé par une loi, le règlement fait par le conseil municipal pour le remboursement de cet emprunt ne pourrait être critiqué par la voie contentieuse. (Cons. d'Et. 16 déc. 1868. — Dall. 70, 3, 43.)

791. — Nous avons dit que les arrêtés ministériels statuant sur une décision préfectorale pouvaient être déférés au conseil d'Etat pour excès de pouvoir. Le droit de recours appartient aux membres du conseil qui ont pris part à la délibération, mais ils n'ont pour se pourvoir que le délai de trois mois. (Cons. d'Et. 15 juin 1870. — Dall. 71, 3, 82.)

CHAPITRE XXV

ÉLECTION DES DÉLÉGUÉS SÉNATORIAUX.

Sommaire alphabétique.

---

792. — La loi des 22 et 28 février 1875 sur le mode de nomination des sénateurs a introduit une innovation considérable dans notre organisation politique. Elle a appelé les conseillers municipaux à prendre part à nos luttes politiques, en choisissant les électeurs qui doivent nommer les membres de la chambre haute.

Cette loi nouvelle destinée à prendre rang après les nombreuses constitutions que ce siècle a vu éclore et à l'abri desquelles notre pays a vainement cherché jusqu'ici le repos et la paix intérieure, a donc entr'ouvert aux représentants de nos communes cette porte de la politique que nous tenions soigneusement fermée devant eux. A-t-elle eu tort ou raison ? Il ne nous appartient pas de le dire, le temps et l'expérience se chargeront de juger l'innovation. Quoi qu'il en soit, aux termes de notre Constitution nouvelle, les électeurs sénatoriaux sont élus par chaque conseil municipal parmi les électeurs de la commune, à raison d'un délégué par municipalité.

Voilà donc une attribution essentiellement politique donnée aux représentants de nos communes. La plus petite bourgade aussi bien que la

7

grande ville apporte sa pierre à l'édifice constitutionnel, et pendant une heure, de loin en loin, la politique a droit de cité dans nos conseils.

Malgré cette disposition nouvelle et les conséquences qu'elle entraîne, nos recommandations générales restent les mêmes. Gardez-vous de la politique, répéterons-nous encore à nos assemblées communales, les fruits qu'elle produit sont amers, et si votre porte s'ouvre un jour à cet hôte incommode, refermez-la bien vite. Votez, puisque la loi vous y convie, mais en votant rappelez-vous que le but du législateur n'a pas été de vous faire intervenir dans le conflit des passions, mais plutôt, mais surtout, de vous appeler à son aide et de requérir votre concours pour le salut et la conservation de la France. Inspirez-vous donc des intérêts sacrés qui vous sont confiés pour une heure, défiez-vous des belles promesses et n'écoutez que la voix du devoir ; puis, quand le scrutin sera clos, rentrez dans le silence et le calme qui conviennent bien mieux à vos pacifiques et salutaires attributions.

Cela dit nous revenons à l'examen de la loi et à son fonctionnement.

793. — Le maire est chargé de la convocation des conseillers municipaux, mais la convocation ne doit pas être nécessairement faite dans les délais prescrits par la loi de 1855, il suffit qu'elle ait été effectivement portée à la connaissance des conseillers municipaux.

Si un conseiller municipal n'avait pas été convoqué, le vote serait nul. (Cons. Préf. Aisne. 25 anvier 1876. — Rec. G. et P. 1876, 131.)

794. — La liste des conseillers municipaux doit être à la disposition des candidats et des électeurs, mais la communication n'est faite qu'à partir de l'ouverture de la période électorale, c'est-à-dire vingt jours avant le vote. (Cons. d'Et. 31 mars 1876. — Rec. Lebon et Dall. 76, 3, 66.)

Cette décision basée sur les principes généraux en matière électorale mérite d'être reproduite.

Attendu que la liste des conseillers municipaux chargés de procéder, dans chaque commune, à l'élection d'un délégué et d'un suppléant, en vue de l'élection des sénateurs, n'est pas dressée à époque fixe et n'est pas permanente, que cette liste, qui doit comprendre les conseillers municipaux en exercice au moment où il sera procédé à l'élection du délégué et de son suppléant, ne peut être dressée qu'au moment où la période électorale est ouverte par la publication du décret qui fixe le jour de l'élection et, par suite, ne peut être communiquée avant cette époque ;

Considérant que si l'article 6 de la loi du 2 août 1875 permet aux électeurs de prendre communication à la préfecture, de la liste par commune, des conseillers du département, cette faculté inscrite dans la loi organique sur l'élection des sénateurs, est donnée aux électeurs, en vue de cette élection, que c'est donc seulement à partir du moment ou la période électorale est ouverte par la publication du décret qui fixe le jour de l'élection, que cette faculté peut être exercée...

795. — Les conseils municipaux ont seuls le droit d'élire un délégué.

Ce droit n'appartient pas aux Commissions municipales instituées à la suite de dissolution ou de suspension.

Dans les communes où il existe une commission municipale, le maire doit réunir les anciens conseillers municipaux. Leur unique fonction est d'élire le délégué; cette désignation faite, ils se séparent immédiatement. (Circ. min. 5 janv. 1876).

Dans les communes où l'administration, malgré ses efforts réitérés, n'est pas parvenue à constituer un conseil municipal par suite du refus des électeurs de se présenter au scrutin, il ne pourrait être nommé de délégué. (Ibid.)

796. — Au jour fixé, les conseillers municipaux se réunissent dans le local ordinaire de leurs délibérations.

Tous les conseillers peuvent prendre part au vote, alors même que l'un d'eux se trouverait par suite d'une incompatibilité survenue depuis son élection, sous le coup d'une démission, (Cons. Pr. St-Brieuc, 24 janvier 1876. — Rec. G. et P. 1876, 112.)

797. — Il suffit que la majorité des conseillers en exercice assiste à la séance, l'élection serait valable lors même que la majorité n'aurait pas pris part au vote. (Cons. d'Et. 5 déc. 1873.)

C'est l'application de la jurisprudence en matière de délibérations municipales.

L'élection serait également valable lors même que le conseil municipal serait incomplet. (Cons. d'Et. 4 avril 1876. — Dall. 76, 3, 74,)

798. — La présidence, et, par suite, la direction des opérations, appartiennent au maire ou à l'adjoint en cas d'absence du maire.

799. — Les fonctions de secrétaire sont remplies par un des membres du conseil nommé au scrutin secret et à la majorité des membres présents (L. 5 mai 1855, art. 19. § 3.)

800. — La séance du conseil municipal ne doit pas être publique. (Cons. d'Et. Rec. Lebon. 10 mars 1876.)

Les candidats eux-mêmes, s'ils sont étrangers au conseil, ne peuvent y être admis.

Le maire veille à ce qu'aucune discussion ne s'engage et à ce que l'assemblée ne motive point ses préférences. (Cons. d'Et. 7 déc. 1877. — Cons. Préf. St-Brieuc, 24 janvier 1876. — Rec. G. et P. 76, 133.)

801. — Il ne doit pas attendre pour ouvrir le premier scrutin l'arrivée de tous les conseillers.

Il déclare l'assemblée ouverte dès que le conseil est en nombre suffisant pour délibérer et il reçoit les votes des conseillers présents aussitôt après la lecture des lois et décrets relatif à l'élection. Le dépouillement seul doit être différé.

802. — Les conseillers remettent leurs bulletins fermés au président.

803. — Le dépouillement ne commence qu'une heure après l'ouverture de la séance.

Mais si tous les membres du conseil étaient présents, ou si tous les absents avaient prévenu le maire qu'ils ne pourraient se rendre à la séance, il n'y aurait pas lieu d'attendre, et le scrutin devrait être dépouillé aussitôt après la réception des votes.

De même, les scrutins qui suivent la première opération, soit que l'on passe immédiatement à l'élection du suppléant, soit qu'il y ait lieu à un deuxième ou à un troisième tour pour l'élection du délégué, sont clos aussitôt après le dépôt des bulletins, puisque tous les conseillers qui avaient répondu à la convocation sont présents dans la salle.

804. — La loi n'ayant point indiqué à qui incemberait le soin de dépouiller les scrutins, il convient de se conformer à l'usage suivi pour l'élection des maires et adjoints et de désigner comme scrutateurs les plus âgés (Circ. min. 29 avril 1871, 5 janvier 1876.)

Si un bulletin contenait deux ou plusieurs noms, il ne serait tenu compte que du nom inscrit le premier.

805.—La majorité absolue est nécessaire aux deux premiers tours de scrutin. Si, après deux scrutins, aucun candidat n'a obtenu cette majorité, il est procédé à un troisième tour.

Rien n'oblige les votants à limiter leur choix, lors de ce troisième tour, aux deux noms qui ont réuni le plus de suffrages.

Le candidat qui obtient alors le plus de voix est élu, car la majorité suffit.

Si les voix se partagent également, la nomination est acquise au plus âgé. (Cons. d'Et. Rec. Lebon, 3 mars 1876.)

Mais il faut que la justification de l'âge soit faite par pièces authentiques, sinon il y aurait lieu à un sursis. (Cons. Préf. Eure, 28 janvier 1876. — Rec. G. et P. 1876, 219.)

806. — En cas de refus d'un délégué sénatorial élu, il faut un nouveau tour de scrutin précédé d'une nouvelle convocation. On ne pourrait procéder au remplacement du délégué non acceptant dans la même séance. (Cons. Préf. Aisne, 25 janvier 1876. — Rec. G. et P. 1876, 131.)

En aucun cas, la voix du président n'est prépondérante.

807. — Le choix du conseil municipal peut porter sur tous les électeurs de la commune, inscrits sur l'une ou l'autre liste électorale.

Peuvent aussi être nommés, alors même qu'ils ne sont point inscrits sur la liste électorale, les conseillers municipaux de la commune. (Même circ. et discussion à l'Assemblée nationale.)

Les députés, les conseillers généraux et les conseillers d'arrondissements qui font déjà partie du corps électoral ne peuvent être élus délégués.

808. — Aussitôt après l'élection du délégué, le conseil municipal procède à l'élection d'un suppléant chargé de remplacer le délégué en cas de refus ou d'empêchement.

Cette seconde opération, complètement distincte de la première, s'accomplit absolument dans la même forme.

Les conditions de capacité et d'incompatibilité sont aussi les mêmes.

809. — Le procès-verbal de cette double élection doit être dressé sur-le-champ.

Des modèles imprimés sont mis à la disposition des conseils municipaux. (V. infra, doc. divers.)

Le procès-verbal est transcrit sur le registre des délibérations du conseil municipal.

Un exemplaire, signé de tous les membres présents, est immédiatement adressé au préfet.

Mais il n'est pas indispensable d'afficher le procès-verbal de l'élection à la porte de la mairie. (Cons. d'Et. Rec. Lebon, 10 mars 1876.)

810. — Si le délégué élu est membre du conseil municipal et assiste au vote, il doit faire connaître, séance tenante, son acceptation ou son refus, qui est consigné au procès-verbal.

L'acceptation ou le refus du suppléant doit également, si le candidat est présent, être constaté au procès-verbal.

Si le délégué élu n'est pas présent à la séance, le maire doit, dans les vingt-quatre heures, lui notifier l'élection, en l'informant qu'un délai de cinq jours, à partir de la notification, lui est imparti pour faire parvenir à la préfecture l'avis de son acceptation.

Procès-verbal de cette notification est dressé en double exemplaire. L'une des copies reste entre les mains du délégué et l'autre est immédiatement transmise au préfet.

Si, à l'expiration du délai de cinq jours, le délégué n'a pas fait connaître son acceptation, il doit être considéré comme non acceptant.

Le préfet fait alors, dans la forme indiquée au paragraphe précédent, notifier sa nomination au suppléant, et si, à son tour, celui-ci refuse ou s'il laisse passer le délai de cinq jours sans aviser le préfet de son acceptation, le préfet prend un arrêté à l'effet de convoquer le conseil municipal pour la désignation de nouveaux délégués.

811. — Le droit d'arguer les opérations de nullité n'est pas limité aux membres du conseil municipal.

Il peut être exercé : 1° par tout électeur de la commune ; 2° par le préfet.

Mais non par un tiers. (Cons. d'Et. Rec. Lebon, 12 mai 1876.)

La réclamation des électeurs doit, sous peine de déchéance, être adressée à la préfecture, dans le délai de trois jours à partir de l'élection ; elle peut être faite par lettre.

Les protestations sont jugées par le conseil de préfecture, sauf appel au conseil d'Etat.

Le conseil de préfecture devra se prononcer dans le plus bref délai, afin que le conseil municipal puisse, s'il y a lieu être mis en demeure de désigner de nouveaux délégués avant le jour de la réunion du collége sénatorial.

812. — L'annulation prononcée par le conseil de préfecture ne nécessite d'ailleurs une nouvelle désignation par le conseil municipal que si elle s'étend à l'élection du délégué et à celle du suppléant.

Lorsque l'élection du délégué est seule annulée, celui-ci est remplacé par le suppléant.

813. — La loi n'ayant pas fixé de délai spécial pour le pourvoi, l'appel devant le Conseil d'Etat est, conformément à la règle générale, recevable pendant trois mois, à partir du jour où les intéressés ont eu connaissance de la décision du conseil de préfecture.

814. — S'il y a une question d'Etat soulevée, le

7.

conseil d'Etat doit surseoir à statuer jusqu'à ce qu'il en ait été décidé par les tribunaux civils. (Cons. d'Et. Rec. Lebon, 17 mars 1876. — Dall. 76, 3, 74.)

815. — Si la protestation est rejetée, la partie qui a succombé ne peut être condamnée aux frais, même s'il y a eu enquête ordonnée. (Cons. d'Et. Rec. Lebon, 2 juin 1876. — Dall. 76, 3, 103. — Contra. Cons. Préf. Savoie, 27 janvier 1876. — Rec. G. et P. 76, 164.)

816. — Dans tous les cas, comme ni le recours au conseil d'Etat, ni même la protestation devant le conseil de préfecture, n'ont d'effet suspensif, le préfet n'a point à s'en préoccuper pour la suite des opérations qu'il lui reste à accomplir. Il n'a à tenir compte que des décisions rendues.

817. — Il n'est point nécessaire d'entrer ici dans l'examen des circonstances de fait qui peuvent motiver l'annulation du délégué. Parmi les manœuvres qui l'entraineraient on peut citer le fait d'empêcher un conseiller de prendre part au vote. (Cons. Préf. Aisne, 26 janvier 1876. — Rec. G. et P. 1876, 160.)

818. — Après la validation du sénateur élu, une protestation contre l'élection d'un délégué est sans objet. (Cons. d'Et. Rec. Lebon, 16 juin 1876.)

819. — Le préfet dresse et arrête le tableau des délégués et des suppléants. Ce tableau est dressé par ordre de communes (les communes classées par arrondissements et par cantons). Il contient les noms de tous les délégués et suppléants élus, qu'ils

aient ou non accepté, que leur élection ait ou non
été attaquée ou même invalidée, mention est faite
cependant de ces diverses circonstances. Le tableau
est communiqué aux électeurs s'ils le demandent,
ils peuvent le copier et l'imprimer. (Circ. min. 5
janvier 1876.)

Chacun des électeurs sénatoriaux est convoqué
par lettre.

820. — Aux termes de la loi du 2 août 1875 et
d'un règlement d'administration publique du 26
décembre 1875, les délégués reçoivent une indemnité. Les quittances qui leur sont rémises sont
exemptes de timbre. (Déc. min. 19 et 22 janvier 1876.)

821. — Une dernière question nous doit occuper
encore. Quel est le caractère du délégué sénatorial
pendant la durée de ses fonctions ?

La question a été soumise aux tribunaux civils
qui ont décidé que le mandat sénatorial cons-
tituait une fonction publique temporaire. (Riom,
17 mai 1876. — Cass. 28 juillet 1876. — Dall. 77.
1, 41.)

822. — La preuve des faits diffamatoires peut
donc être faite contre le délégué sénatorial. C'est
là tout l'intérêt de la question.

« Attendu, lisons-nous dans l'arrêt de la cour suprême,
qu'aucune assimilation ne peut être établie entre les
électeurs, concourant, en vertu d'une loi générale, à
l'élection, soit des corps délibérants, soit des députés, et
les électeurs spécialement délégués pour procéder à la
nomination des membres du Sénat ; que les premiers
prennent part à l'élection en vertu d'un droit qui leur

est propre, qui dérive de leur seule qualité de Français habilitée de certaines conditions d'âge et d'identité ; et qu'il est vrai de dire que, pour agir en qualité de citoyens ils n'en agissent pas moins comme simples particuliers ; que les seconds, au contraire, tiennent leur mandat, non d'une disposition de la loi commune, mais d'une délégation toute personnelle émanée des conseils municipaux, appelés à délibérer spécialement à cet égard, et que l'accomplissement de ce mandat qui touche à un intérêt politique de premier ordre, dont la loi a pris soin d'assurer l'exécution par une sanction générale, implique, de la part de celui qui en est investi, l'exercice au moins temporaire d'une fonction publique. »

Ces mêmes raisons se retrouvent dans l'arrêt de Riom que nous croyons devoir citer également.

« Considérant que la loi du 26 mai 1819 autorise la preuve des faits prétendus diffamatoires contre toute personne ayant agi dans un caractère public, à la seule condition que les faits à prouver soient relatifs à ses fonctions ; que le mandat de délégué sénatorial est conféré dans un but d'intérêt général, et que pour son accomplissement qui intéresse le pays tout entier, le délégué sort de la vie privée et agit nécessairement dans un caractère public ; qu'il procède comme représentant du conseil municipal de sa commune en vertu d'une délégation et dans des conditions spéciales ; considérant d'autre part que les faits relatifs à la fonction du délégué sénatorial ne se bornent pas au dépôt du bulletin dans l'urne, mais peuvent s'étendre suivant les circonstances à l'examen des titres des candidats et dans les discussions préparatoires auxquelles les délégués peuvent se livrer, puisque la loi a elle-même établi des réunions électorales à ce destinées. »

(Voir à la dernière partie les formules relatives aux élections sénatoriales).

CHAPITRE XXVI

FORMULES DIVERSES
DES DÉLIBÉRATIONS DES CONSEILS MUNICIPAUX.

---

823 — DÉLIBÉRATION SUR LA SITUATION D'UN ALIÉNÉ.

L'an..., le...,

M. le maire a exposé que le nommé N... (*nom, prénoms, profession et domicile de l'aliéné*), atteint d'aliénation mentale, est dans l'indigence, ainsi que les membres
de sa famille, à qui la loi impose le devoir du subvenir à
ses besoins ; qu'une demande a été formée par ceux-ci à
l'effet d'obtenir le placement dudit N... dans l'hospice des
aliénés, aux frais du département ; et qu'il appartient au
conseil de donner son avis sur cette demande, attendu
le concours que la commune doit fournir dans la dépense des aliénés indigents, conformément à la loi du
30 juin 1838.

Le conseil municipal,

Vu la loi du 30 juin 1837, article 58, les circulaires du
ministre de l'intérieur des 5 juillet 1849 et 5 août 1840 ;

Considérant l'état d'indigence dudit N... et de... (*membres de sa famille auxquels des aliments pourraient être demandés conformément aux articles 205 et suivants du Code civ.*)

Est d'avis qu'il y a lieu de placer ledit N... dans l'hospice des aliénés, pour y être soigné à la charge du département ;

Et que le concours de la commune dans cette dépense peut être fixé, conformément au tarif arrêté par M. le préfet le..., à la somme de...

Ou bien : Mais que la commune, attendu l'insuffisance de ses revenus, justifiée par son budget, est dans l'impossibilité de.concourir pour aucune partie dans cette dépense.

Fait et délibéré à...

824. — DÉLIBÉRATION RELATIVE A L'ENLÈVEMENT DES BOUES ET IMMONDICES.

L'an..., le...

Vu le projet de cahier des charges, dressé par le maire, des clauses et conditions de l'entreprise de l'enlèvement des boues et immondices dans la commune, pour une durée de...

Vu le budget communal pour l'exercice 18..;

Vu la loi du 18 juillet 1837 et l'ordonnance du 14 novembre de la même année ;

Considérant qu'il importe, dans l'intérêt de la salubrité et de la viabilité des voies publiques, de mettre en adjudication l'entreprise de l'enlèvement des boues et immondices ;

Délibère :

Il y a lieu de concéder par adjudication publique aux enchères et au rabais, pour une durée de... sur la mise à prix de..., l'entreprise de l'enlèvement des boues et immondices dans les rues et autres voies publiques de la commune.

Le cahier des charges devant servir de base à cette adjudication est adopté.

Fait et délibéré à....

825. — DÉLIBÉRATION RELATIVE A L'ENTRETIEN DES CHEMINS VICINAUX.

L'an..., le...

Vu les devis des travaux de réparation à faire pour la mise en état de viabilité des chemins vicinaux de petite communication de la commune, lesquels présentent l'appréciation suivante :

1° Chemin de. . . . . »   »

2° Chemin de. . . . . »   »

Vu le détail desdits travaux consistant... (terrassement, empierrement, etc.);

Vu l'état du contingent demandé par M. le préfet à ladite commune, pour l'entretien et la réparation des chemins vicinaux de grande communication ;

Vu la loi du 21 mai 1836;

Vu l'arrêté réglementaire de M le préfet du département, en date du.. ;

Considérant que le conseil municipal doit, aux termes dudit arrêté, désigner les chemins vicinaux dont la réparation est nécessaire, ainsi que la nature des travaux à y faire et les ressources applicables au paiement de la dépense ;

Le conseil délibère :

Il y a lieu de réparer les chemins vicinaux ordinaires dits.... pour les travaux se composant de..., et évalués à... être exécutés conformément au devis ci-dessus visés.

826. — DÉLIBÉRATION RELATIVE AUX RESSOURCES NÉCESSAIRES A L'ENTRETIEN DES CHEMINS VICINAUX

L'an... le...

M. le maire a ouvert la séance et a invité le conseil municipal à voter les ressources nécessaires aux travaux de réparation et d'entretien des chemins vicinaux pour l'année 18...

Le conseil, vu le procès-verbal de visite des chemins vicinaux ordinaires, en date du...

Vu la délibération du..., par laquelle le conseil a désigné les chemins vicinaux à réparer, et la nature des réparations à faire pendant l'année 18...

Vu l'arrêté de M. le préfet en date du... qui fixe à la somme de.... le contingent de la commune dans la dépense des chemins vicinaux d'intérêt commun, et des chemins vicinaux de grande communication ;

Ouï l'exposé de M. le maire, et après en avoir délibéré ;

Considérant qu'il y a insuffisance de ressources communales pour pourvoir, pendant l'année..., aux travaux d'entretien et de réparation ordinaire des chemins vicinaux ;

Vote à cet effet :

1° Une imposition de .., centimes additionnels au principal des quatre contributions directes ;

2° Une imposition de :

.... journées d'hommes;

.... journées de bêtes de trait, de somme ou de selle ;

.... journées de charrettes.

827. — DÉLIBÉRATION RELATIVE A LA CONVERSION EN TACHES DES JOURNÉES DE PRESTATIONS.

L'an..., le...

Le conseil... vu l'article 4 de la loi du 21 mai 1836, l'article... du règlement préfectoral du..., et la circulaire de M. le préfet du ..

Arrête ainsi qu'il suit le tarif de conversion en tâches des journées de prestation en nature non rachetées en argent, pour la réparation des chemins vicinaux :

Savoir :

<table>
<tr><td>TRAVAUX NEUFS.</td><td>PRIX.
fr.   c.</td></tr>
</table>

TRAVAUX NEUFS.

Pierre extraite des carrières, prise sur place, le mètre cube. . . . .

Pierre ramassée dans les champs, prise sur place, le mètre cube . . . .

Pierre cassée à la grosseur prescrite, cassage et emmétrage compris, le mètre cube. .

Terrassements pour ouverture de fossés, dressement d'accotements, y compris le jet des terres sur place, le mètre cube . . . .

Main-d'œuvre pour la confection de l'empierrement, comprenant la préparation de la forme, la pose et l'arrangement de la pierre, le mètre carré . . . .

Transport à la voiture pour les parcours des premiers 100 mètres, le mètre cube . . . .

Transport à la voiture pour les parcours de chaque distance de 100 mètres en sus, le mètre cube . . . .

TRAVAUX D'ENTRETIEN.

Prix de la main-d'œuvre pour le dressement des accotements et talus des parties de chemin à réparer, le mètre carré. . . . .

Pierre cassée, à compter pour emploi seulement, le mètre cube. . . . .

828. — DÉLIBÉRATION RELATIVE A UNE CONCESSION DE TERRAIN DANS UN CIMETIÈRE.

L'an... le ..

M. le maire a soumis au conseil la demande qui lui a été adressée par le sieur..., tendante à obtenir une concession de terrain dans le cimetière de la commune.

Le conseil autorise M. le maire, sauf l'approbation de
M. le préfet, à accorder audit sieur... la concession pour...
années (ou perpétuelle ou temporaire) de... mètres de
terrain dans le cimetière, pour y fonder la sépulture de...
et ce aux conditions suivantes :

1° Le concessionnaire versera immédiatement dans la
caisse municipale la somme de....

2° (*Conditions spéciales*).

829. — PROCÈS-VERBAL EN CAS DE RENVOI AU PRÉFET D'UNE DIFFICULTÉ ÉLEVÉE DANS LE CONSEIL MUNICIPAL.

L'an..., le...

M. le maire a représenté que la réunion du conseil a
pour objet : (*Indiquer l'objet.*)

Une discussion à laquelle ont pris part MM.... s'étant
élevée dans le conseil, sur .. (*indiquer la cause*), le conseil, à la majorité de... voix, a arrêté que, préalablement,
la question serait soumise à M. le préfet et que la délibération serait ajournée jusqu'après la décision de ce ma-
gistrat.

830. — DÉLIBÉRATION DANS LE BUT D'ALLOUER UNE SOMME FIXE AU DESSERVANT POUR LUI TENIR LIEU DE CASUEL.

L'an...

M. le maire a exposé au conseil que M. l'abbé X...
desservant de la paroisse, désirant être affranchi de
rapports d'intérêts avec ses paroissiens, propose de re-
noncer, moyennant une rétribution fixe annuelle qui lui
serait allouée au budget de la commune, à la perception
du casuel qui lui est attribué par le tarif du diocèse, et
il a invité le conseil à délibérer sur cette proposition.

Le conseil, considérant que la perception du casuel
peut amener des contestations entre le desservant de la
paroisse et des habitants; qu'il y a tout intérêt à les évi-

ter; considérant d'autre part que la situation des revenus ordinaires de la commune permet d'accueillir cette proposition ;

A délibéré ce qui suit :

1° Une allocation de.... sera portée en dépense, au budget de la commune, à partir de l'exercice 18...., au profit de M. l'abbé X..., desservant, pour lui tenir lieu de casuel ;

2° Cette allocation lui sera payée.... (*époque et mode de paiement*).

M. le maire est autorisé à passer avec M. l'abbé X...., acte de cette convention pour une durée de... années, à partir du...

831. — DÉLIBÉRATION SUR LES COMPTES ET BUDGET D'UN HOSPICE OU D'UN BUREAU DE BIENFAISANCE.

L'an... le...

M. le maire a déposé sur le bureau : 1° le compte présenté par M..., ordonnateur des dépenses de l'hospice (ou bureau de bienfaisance), pour l'exercice 18...; 2° le compte de gestion présenté par M..., receveur dudit hospice, pour l'année 18....; 3° le budget proposé par la commission administrative, pour l'exercice 18.., lesquels comptes et budget sont accompagnés de toutes les pièces prescrites par les instructions. M. le maire a rappelé au conseil municipal qu'aux termes de l'article 21 de la loi du 18 juillet 1837 sur l'administration municipale, il lui appartient de donner son avis sur les comptes et budgets des établissements de la commune, et l'a invité, en conséquence, à procéder à l'examen de ceux qui lui sont présentés.

Le conseil municipal, vu lesdits comptes, budget et pièces à l'appui ;

Délibérant, en premier lieu, sur le compte de M....., ordonnateur des dépenses de l'établissement, — attendu que ce compte est régulier et que les dépenses ordonnancées sur l'exercice 18.., sont toutes renfermées dans les limites des crédits ouverts au budget ou par autorisations supplémentaires, est d'avis qu'il y a lieu de l'approuver ;

Délibérant ensuite sur le compte présenté par M...., receveur, pour sa gestion de 18..., attendu que toutes les recettes et dépenses comprises à ce compte ont été faites régulièrement et sont justifiées par les pièces produites à l'appui, — est d'avis également qu'il y a lieu d'arrêter ledit compte, conformément a x résultats qu'il présente, et de fixer à la somme de..... l'excédant de recette à reporter au compte de la gestion suivante;

Délibérant, enfin, sur le budget proposé par la commission administrative pour l'exercice 18..; considérant que tous les revenus présumés dudit exercice y sont inscrits, que les dépenses qui y sont portées sont, en général, nécessaires ou convenables et suffisamment motivées, (*réserves ou rejets, s'il y a lieu*) est d'avis qu'il y a lieu d'approuver toutes les autres propositions comprises audit budget ;

Le conseil municipal est d'avis, en outre, de continuer à l'établissement, pour l'exercice 18.... la subvention annuelle de... francs nécessaire à l'acquit de ses charges, laquelle subvention figurera au chapitre des dépenses ordinaires du budget de la commune.

832. — DÉLIBÉRATION FIXANT LE TRAITEMENT DU GARDE-CHAMPÊTRE.

L'an...., le.......

M. le maire, ayant exposé que, dans l'intérêt de la conservation des propriétés rurales, soit communales, soit particulières, il serait nécessaire de demander la nomination d'un garde-champêtre *ou* d'un deuxième garde-champêtre pour cette commune, a proposé au conseil municipal de voter un crédit pour le traitement de ce garde, ensuite de quoi il présenterait un candidat à la nomination de M. le préfet.

Le conseil, adoptant la proposition de M. le maire, a fixé à.... le traitement annuel du garde-champêtre, et voté un crédit de la somme de... pour le traitemént dudit garde pendant la presente année.

833. — DÉLIBÉRATION SUR L'IMPOSITION DESTINÉE A SUBVENIR AU PAIEMENT DU SALAIRE DU GARDE-CHAMPÊTRE.

L'an...., le...., le conseil municipal de la commune de... assisté, conformément à l'article 42 de la loi du 18 juillet 1837, des plus imposés.....

Vu le projet de budget pour l'exercice 18..;

Vu les lois des 21 avril 1831 et 18 juillet 1827 ;

Vu la circulaire de M. le ministre de l'Intérieur du 27 mars 1837 ;

Considérant que les revenus ordinaires de la commune sont insuffisants pour subvenir au paiement du salaire du garde-champêtre pour l'exercice 18....

Que les instructions ministerielles recommandent de recourir à l'imposition spéciale autorisée par la loi du 21 avril 1832, avant de s'imposer des centimes extraordinaires ;

Délibère :

Il y a lieu d'autoriser la commune à s'imposer extraordinairement, en 18.., au principal de la contribution foncière, une somme de.... représentant environ.... centimes additionnels, pour subvenir au paiement du salaire du garde-champêtre pendant ledit exercice.

834. — DÉLIBÉRATION CONCERNANT L'ÉTABLISSEMENT DUNE HALLE.

L'an..., le...

M. le maire a exposé que depuis longtemps les habitants de la ville (*ou* du quartier de....) demandent l'établissement d'une halle pour y tenir le marché de.... dont l'emplacement actuel est incommode et insuffisant ;

qu'il serait possible de satisfaire à ce vœu légitime, en affectant à la construction d'une halle (*tel emplacement et telles ressources disponibles ou à réaliser*), sauf à la commune à se rembourser de sa dépense au moyen des droits de place qui seraient perçus dans ladite halle ; il a invité le conseil à délibérer sur cette construction, et à examiner les pièces relatives au projet, déposées sur le bureau, savoir :

1° Le plan dressé le..... par M....., architecte, de la halle et de l'emplacement choisi pour sa construction ;

2° Le projet de tarif des droits à percevoir **dressé** par le maire ;

3° Un extrait des rôles dressé par le percepteur et certifié par le maire, constatant les impositions de toute nature qui pèsent sur la commune ;

4° L'état du passif de la commune montant à....., à répartir en..... années ;

5° Le budget de l'**exercice** courant;

Le conseil municipal,

Vu les pièces ci-dessus désignées ;

Vu les lois des 15-28 mars 1790 ; 11 frimaire an VII, et 18 juillet 1837, art. 19 et 31 ;

Vu les instructions ministérielles des 22 septembre 1838 et 15 juillet 1840 ;

Considérant que la commune fait usage des centimes spéciaux qu'elle peut s'imposer en vertu des lois spéciales ;

Qu'il résulte de l'exposé contenu dans le certificat du maire et du receveur municipal et des autres pièces susvisées, qu'elle ne peut subvenir au paiement de la dépense projetée qu'en se créant de nouvelles ressources ;

Considérant qu'à cet effet il y a utilité à établir dans dans la commune une *halle* pour la vente de (*indiquer les objets*) ;

Considérant que les prix fixés dans le tarif proposé par M. le maire sont en rapport avec ceux qui sont perçus dans les marchés établis dans les communes comprises dans un rayon de..... myriamètres ;

Que ces prix ne sont pas de nature à nuire à l'approvisionnement et à la consommation,

Est d'avis que la commune soit autorisée :

1° A faire construire une halle pour la vente de (*indiquer les objets*) ;

2° A percevoir sur ledit marché des droits de place à raison de.... par mètre superficiel occupé et par jour, conformément au tarif ci-dessus visé, qui est adopté ;

3° A recevoir des abonnements, au mois, pour la somme de..... par mètre superficiel, et à l'année pour celle de.....

La perception sera d'une durée de..... années, à partir de....

Le produit des droits évalué, par an, à environ..., sera employé au paiement de.....

835. — DÉLIBÉRATION RELATIVE A UNE IMPOSITION EXTRAORDINAIRE.

L'an..., le..., le conseil municipal de la commune de... assisté, conformément à l'article 42 de la loi du 18 juillet 1837, des plus imposés...;

Vu la délibération en date du..., par laquelle le conseil municipal a adopté un projet relatif à..., dont la dépense est évaluée à .., et proposé de subvenir au paiement au moyen :

1° De... (*indiquer la nature des ressources*);

2° Du produit d'une imposition extraordinaire de....

Vu l'état des engagements de la commune ;

Vu l'état des impositions qui la grèvent ;

Vu le relevé des recettes et des dépenses d'après les trois dernières années ;

Vu l'état des fonds communaux placés en compte courant au Trésor public avec l'indication de leur emploi ;

Vu le budget communal pour l'exercice courant ;

Vu l'article 42 de la loi du 18 juillet 1837 ;

Vu les circulaires ministérielles des 16 avril 1877, 18 mai 1818, 27 mars 1837 et 28 juillet 1858 ;

Considérant que la commune fait annuellement usage des centimes autorisés par les lois spéciales pour les dépenses de l'instruction primaire et des chemins vicinaux et pour le salaire du garde-champêtre ;

Qu'il résulte de sa situation financière qu'elle ne peut subvenir au paiement de la dépense dont il s'agit qu'en s'imposant des centimes additionnels extraordinaires pendant... années ;

Délibère :

Il y a lieu d'autoriser la commune à s'imposer extraordinairement pendant. . années, à partir de..., au principal de ses quatre contributions directes montant à .., ... centimes additionnels par an, représentant environ..., et en totalité une somme de... pour subvenir au paiement de....

(S'il s'agit d'une dépense relative aux chemins vicinaux on emploie la même formule avec les modifications relatives à l'objet de la délibération).

836. — DÉLIBÉRATION CONCERNANT LE TRAITEMENT D'UN INSTITUTEUR-ADJOINT.

L'an..., le,....

M. le maire a exposé que l'école publique de la commune dirigée par M..., a été désignée, en raison du nombre des élèves, comme devant avoir un instituteur-adjoint, et qu'il appartient au conseil municipal de fixer le traitement de cet instituteur, que la loi met à la charge exclusive de la commune.

Le conseil municipal,

Vu l'article 34 de la loi du 15 mars 1850 sur l'enseignement ;

Vu l'article 1er de la loi du 19 juillet 1875 ;

Délibère :

Le traitement de l'instituteur-adjoint est fixé à la somme de..., qui sera prélevée sur les ressources ordinaires de la commune, et inscrite annuellement au budget.

837. — DÉLIBÉRATION CONCERNANT LES DÉPENSES DE L'ÉCOLE PUBLIQUE DES FILLES.

L'an..., le....

M. le maire a exposé que la commune, ayant plus de 500 âmes de population, doit avoir, aux termes de l'article 1er de la loi du 16 avril 1867, une école de filles, et qu'il y avait lieu de délibérer sur la création de cette école et les moyens de pourvoir à ses dépenses.

Le conseil municipal,

Vu le budget de la présente année et l'état de la situation financière de la commune, dressé par le receveur municipal ;

Considérant les graves inconvénients qu'il y aurait à maintenir l'école mixte dirigée par M..., cette école étant devenue très-nombreuse, et le local n'étant pas suffisant pour que les enfants des deux sexes puissent être séparés et placés convenablement ;

Considérant que la commune pourra pourvoir, au moyen de..., à la dépense de l'entretien d'une école spéciale pour les filles ; et qu'elle possède, rue...., n°..., une maison qui peut être appropriée, sans beaucoup de frais à l'établissement de cette école et au logement de l'institutrice ;

Délibère :

Il y a lieu d'autoriser la commune à créer une école de filles qui sera ouverte dans le local ci-dessus désigné, à partir du... prochain ; à fixer le traitement de l'institutrice à la somme de... par année, et la rétribution à payer par les parents des élève admises à l'école, à...., par mois. *(On indiquera s'il doit y avoir un taux unique, ou si le taux doit varier suivant les classes ou catégories d'elèves);*

Le conseil municipal autorise M. le maire à faire dresser les devis des réparations qui devront être faites à la maison de la rue..., pour l'approprier à sa nouvelle destination, et à pourvoir à ses réparations sur les fonds disponibles de la caisse communale.

838. — DÉLIBÉRATION RELATIVE A L'ASSAINISSEMENT
DES LOGEMENTS INSALUBRES.

L'an..., le....

M. le maire a exposé qu'il existait dans la commune un grand nombre de maisons ayant des logements et dépendances insalubres, et qui cependant sont mises en location ; et il a invité le conseil à examiner s'il ne conviendrait pas de nommer une commission pour rechercher et indiquer les mesures indispensables d'assainissement, conformément à la loi du 13 avril 1850.

Le conseil municipal, après en avoir délibéré, reconnaissant la nécessité de la mesure proposée par M. le maire, a nommé membres de ladite commission MM...., *(noms, prénoms, qualités, professions et demeures des personnes désignées).*

839. — DÉLIBÉRATION POUR ACHAT DE MOBILIER
A L'USAGE DE LA MAIRIE.

L'an..., le....

M. le maire a exposé qu'il était indispensable de se procurer les objets suivants :

1° Une armoire ;

2° .....

Que cette dépense, suivant le devis de M..., s'élève à...;

Que le crédit pour frais d'administration étant insuffisant, il est nécessaire d'y pourvoir au moyen des fonds

disponibles, et qu'en conséquence il y a lieu d'en demander l'autorisation à M. le préfet.

Le conseil municipal, reconnaissant l'utilité de la dépense proposée par M. le maire, est d'avis qu'il y a lieu
de l'autoriser et d'en faire payer le prix sur les fonds
disponibles de la commune.

840. — DÉLIBÉRATION POUR L'ÉTABLISSEMENT D'UN OCTROI.

L'an..., le....

M. le maire a exposé que les ressources de la commune
sont à peine suffisantes pour ses dépenses ordinaires ;
qu'il y aura pendant... années à pourvoir au paiement
des dépenses extraordinaires suivantes : 1°..., 2°..., 3°...,
qui toutes ont été reconnues indispensables ; que le seul
moyen de se procurer les fonds nécessaires, serait la
création d'un octroi municipal. Il a invité le conseil municipal à délibérer sur-le-champ au sujet de cette création, et lui a soumis les diverses pièces qui pouvaient
l'éclairer dans sa discussion.

Le conseil,

Vu le budget de la commune pour l'exercice courant ;

Vu le budget supplémentaire du même exercice (*ou de
l'exercice expiré si le budget supplémentaire de l'exercice courant n'est pas encore proposé ou réglé*);

Vu le certificat du maire et du percepteur receveur
municipal faisant connaître : 1° les impositions de toute
nature qui pèsent sur la commune ainsi que leur durée,
leur objet et les actes qui les ont autorisées ; 2° les emprunts (*s'il en existe*) que la commune a été autorisée à
contracter ; 3° les autres dettes communales et les ressources devant servir à les acquitter ; 4° le montant des
fonds communaux placés en compte courant au Trésor
et la désignation de leur emploi.

Vu le relevé des recettes et des dépenses ordinaires,
extraordinaires et supplémentaires, d'après les comptes

des trois dernières années et le budget de l'année courante ;

Vu les tarifs et règlement proposés par le maire pour la perception dudit octroi ;

Vu le résumé des propositions du tarif indiquant : 1° les objets à soumettre aux droits d'octroi ; 2° la taxe à imposer ; 3° la valeur commerciale dans le rayon de l'octroi 4° le rapport de la taxe à la valeur ; 5° la consommation présumée ; 6° le produit brut et le produit net de l'octroi;

Vu les lois et les règlements relatifs aux octrois, notamment......;

Vu la loi du 18 juillet 1867 sur les attributions municipales et le décret du 12 févr. 1870 ;

Vu la circulaire de M. le ministre de l'intérieur du 23 mars 1853 sur les octrois ;

Considérant que la commune fait usage des centimes autorisés par les lois spéciales pour le service de l'instruction primaire, les chemins vicinaux et le salaire du garde-champêtre ;

Considérant que les revenus ordinaires et le produit des centimes autorisés par les lois spéciales sont insuffisants pour subvenir au paiement des dépenses ci-dessus énoncées ;

Considérant que les dépenses extraordinaires pour lesquelles il s'agit de créer de nouvelles ressources s'élèvent à. . . . . , . .

Que la commune ne peut y appliquer qu'une somme de. . . . .
à provenir de (*indiquer si ce sont des ressources ordinaires disponibles en caisse ou le produit d'une imposition extraordinaire*);

Que le produit net de l'octroi proposé est évalué, par an, à. . . . .

et que, pour subvenir au paiement de la somme de. . . . .

il est nécessaire d'étendre la durée de la perception de cet octroi à... années ;

Délibère :

Il y a lieu d'établir, pour une durée de... années, un octroi dans la commune, et d'adopter, pour la perception de cet octroi, les tarif et règlement ci-dessus visés.

Le produit présumé dudit octroi, évalué par an à la somme de..., sera employé au paiement des dépenses extraordinaires mentionnées ci-dessus.

Le conseil décide que le mode de perception de l'octroi sera (la régie simple ou la régie par abonnement).

841. — DÉLIBÉRATION SUR LES RÉPARATIONS A FAIRE AUX BATIMENTS COMMUNAUX.

L'an..., le....

M. le maire a exposé que (*tel bâtiment*) est dans un tel état de dégradation qu'il est urgent d'y faire des réparations.

Le conseil, après délibération, a décidé que préalablement M..., et M..., délégués à cet effet, se transporteraient sur les lieux, accompagnés de M...; architecte ou maçon, à l'effet de constater l'urgence desdites réparations et d'en dresser un devis, et pour le rapport en être fait à la séance du....

Ou : le conseil, après avoir entendu le rapport qui lui a été fait par MM. L...., et J...., commis par lui à l'effet de constater l'état dans lequel se trouvait l'objet, et après avoir pris connaissance du devis qu'ils en ont dressé, a reconnu que lesdites réparations devenaient urgentes, et il a décidé, en conséquence, que l'autorisation d'exécuter lesdits travaux serait demandée à M. le préfet.

Ou : le conseil a reconnu que l'exécution des réparations demandées pouvait être différée, et a renvoyé à la session suivante la délibération à cet égard.

Ou : le conseil a reconnu que ces réparations pouvaient

sans inconvénients, être réduites à celles de (*indiquer ces réparations*), et a décidé que M. le maire demanderait à M. le préfet l'autorisation de faire procéder à la réparation seulement de (*indiquer ces réparations*), sauf au conseil, dans la session suivante, à prendre, pour le surplus desdites réparations, telle décision qu'il appartiendra.

842. — DÉLIBÉRATION POUR DES TRAVAUX DE CONSTRUCTION OU GROSSES RÉPARATIONS A FAIRE PAR VOIE D'ADJUDICATION PUBLIQUE.

L'an..., le...

M. le maire a exposé que (*tel bâtiment*), se trouvait pour (*indiquer quelle partie*), dans un état de dégradation tel qu'il en pourrait résulter de graves accidents, *ou* la ruine totale de l'édifice, si on n'y apportait promptement des réparations.

M. le maire a présenté au conseil le devis des réparations jugées indispensables pour prévenir la destruction de ce bâtiment, (ou pour remettre ce bâtiment dans un état de confortation convenable), lequel devis dressé par M..., architecte, s'élève à la somme de..., et il a demandé l'autorisation du conseil pour procéder à l'adjudication desdites réparations.

Le conseil municipal,

Vu les plans et devis dressés le..., par M..., architecte, pour l'exécution, d'après le programme donné par M. le maire, des travaux relatifs à (*indiquer la nature de l'établissement*), évalués à....;

Vu le cahier des charges devant servir à l'adjudication de ces travaux et contenant les clauses et conditions à imposer à l'adjudicataire ;

Vu le budget communal pour l'exercice courant, et l'état de situation dressé le..., par le receveur municipal énonçant que les fonds disponibles communaux en caisse s'élèvent à...;

Vu le relevé des engagements de la commune, à la date du....;

Vu la loi du 18 juillet 1837, art. 19 et 34 ; l'ordonnance du 14 novembre de la même année, et la circulaire de M. le ministre de l'intérieur du 9 juin 1838 ;

Considérant que les travaux dont il s'agit sont utiles, et que la commune a des ressources suffisantes pour les payer ;

Ou bien : qu'il sera pourvu au paiement de la dépense qui en résultera au moyen de (*indiquer les ressources*);

Délibère :

Les plans, devis et cahier des charges dressés le..., des travaux évalués à..., pour..., sont adoptés.

Lesdits travaux seront mis en adjudication publique dans la forme prescrite par l'ordonnance du 14 novembre 1837.

Il sera pourvu au paiement, au moyen des ressources suivantes (*indiquer ces ressources*).

843. — DÉLIBÉRATION POUR RÈGLEMENT DES TRAVAUX EXÉCUTÉS.

L'an..., le....

Le conseil,

Vu l'arrêté préfectoral en date du .., qui a approuvé les plans et devis pour l'exécution des travaux relatifs à..., et évalués à la somme de..., non compris les frais de direction ;

Vu le procès-verbal de l'adjudication de ces travaux en date du..., approuvé le..., et enregistré le..., et par lequel le sieur..., s'est engagé à les exécuter moyennant un rabais de..., pour cent, ou pour une somme totale de..;

Vu le procès-verbal de réception définitive desdits travaux en date du...

Vu le rapport de M..., architecte, sur leur exécution ;

Vu le décompte général que ce même architecte en a dressé à la date du ..., établissant que, d'après les mémoires produits, et réglés, la dépense totale des travaux exécutés pour.., doit être définitivement fixée à la somme de...;

Vu les lois du 18 juillet 1837, et 24 juillet 1867.

Considérant qu'il est établi par le rapport ci-dessus visé, que les travaux relatifs à..., ont été exécutés conformément aux clauses et conditions imposées à l'adjudicataire par le cahier des charges ;

Considérant que ces travaux n'ont pas excédé le montant de l'adjudication ;

Qu'ils ont été reçus définitivement par M..., architecte, qui les a surveillés et dirigés,

Délibère :

Il y a lieu d'arrêter à la somme de..., le montant des travaux exécutés pour....

LOIS, DÉCRETS

ET DOCUMENTS DIVERS

RELATIFS A

L'ADMINISTRATION MUNICIPALE

LOIS, DÉCRETS
ET DOCUMENTS DIVERS

RELATIFS

A L'ADMINISTRATION MUNICIPALE

LOI DU 18 JUILLET 1837
Sur l'Administration municipale (1)

TITRE PREMIER. — DES RÉUNIONS, DIVISIONS ET FORMATIONS DE COMMUNES.

Art. 1ᵉʳ. *Aucune réunion, division ou formation de commune ne pourra avoir lieu que conformément aux règles ci-après* (2).

2. *Toutes les fois qu'il s'agira de réunir plusieurs communes en une seule, ou de distraire une section d'une commune, soit pour la réunir à une autre, soit pour l'ériger en commune séparée, le préfet prescrira préalablement, dans les communes intéressées, une enquête tant sur le projet en lui-même que sur ses conditions. — Les conseils municipaux, assistés des plus imposés en nombre égal à celui de leurs membres, les conseils d'arrondissement et le conseil général donneront leur avis* (3).

(1) Les dispositions en italiques ont été modifiées par les lois postérieures. Il n'y a donc pas lieu d'en tenir compte, sinon à un point de vue purement historique.

(2) V. Art. 13. L., 24 Juil. 1867.

(3) Id.

3. *Si le projet concerne une section de commune; il sera créé pour cette section, une commission syndicale. Un arrêté du préfet déterminera le nombre des membres de la commission. — Ils seront élus par les électeurs municipaux domiciliés dans la section; et si le nombre des électeurs n'est pas double de celui des membres à élire, la commission sera composée des plus imposés de la section. La commission nommera son président. Elle sera chargée de donner son avis sur le projet* (1).

4. *Les réunions et distractions de communes qui modifieront la composition d'un département, d'un arrondissement ou d'un canton, ne pourront être prononcées que par une loi. — Toutes autres réunions et distractions de communes pourront être prononcées par ordonnance du Roi, en cas de consentement des conseils municipaux, délibérant avec les plus imposés, conformément à l'article 2 ci-dessus, et, à défaut de ce consentement, pour les communes qui n'ont pas trois cents habitants, sur l'avis affirmatif du conseil général du département. — Dans tous les autres cas, il ne pourra être statué que par une loi* (2).

5. Les habitants de la commune réunie à une autre commune conserveront la jouissance exclusive des biens dont les fruits étaient perçus en nature. — Les édifices et autres immeubles servant à usage public deviendront propriété de la commune à laquelle sera faite la réunion.

(1) V. art. 13. L. 24 juil. 1867.
(2) Id.

6. La section de commune érigée en commune séparée ou réunie à une autre commune emportera la propriété des biens qui lui appartenaient exclusivement. — Les édifices et autres immeubles servant à usage public, et situés sur son territoire, deviendront propriété de la nouvelle commune ou de la commune à laquelle sera faite la réunion.

7. Les autres conditions de la réunion ou de la distraction seront fixées par l'acte qui la prononcera. Lorsqu'elle sera prononcée par une loi, cette fixation pourra être renvoyée à une ordonnance royale ultérieure, sauf réserve, dans tous les cas, de toutes les questions de propriété.

8. Dans tous les cas de réunion ou fractionnement de commune, les conseils municipaux seront dissous. Il sera procédé immédiatement à des élections nouvelles.

TITRE II. — DES ATTRIBUTIONS DES MAIRES ET DES CONSEILS MUNICIPAUX.

CHAPITRE PREMIER. — *Des attributions des maires.*

9. Le maire est chargé, sous l'autorité de l'administration supérieure : — 1º De la publication et de l'exécution des lois et règlements ; — 2º Des fonctions spéciales qui lui sont attribuées par les lois ; — 3º De l'exécution des mesures de sûreté générale.

10. Le maire est chargé, sous la surveillance de

l'administration supérieure : — 1° De la police municipale, de la police rurale et de la voirie municipale, et de pourvoir à l'exécution des actes de l'autorité supérieure qui y sont relatifs ; — 2° De la conservation et de l'administration des propriétés de la commune, et de faire en conséquence tous actes conservatoires de ses droits ; — 3° De la gestion des revenus, de la surveillance des établissements communaux et de la comptabilité communale ; — 4° De la proposition du budget et de l'ordonnancement des dépenses ; — 5° De la direction des travaux communaux ; — 6° De souscrire les marchés, de passer les baux des biens et les adjudications des travaux communaux, dans les formes établies par les lois et règlements ; — 7° De souscrire, dans les mêmes formes, les actes de vente, échange, partage, acceptation de dons ou legs, acquisition, transaction, lorsque ces actes ont été autorisés conformément à la présente loi ; — 8° De représenter la commune en justice, soit en demandant, soit en défendant.

11. Le maire prend des arrêtés à l'effet : — 1° D'ordonner les mesures locales sur les objets confiés par les lois à sa vigilance et à son autorité ; — 2° De publier de nouveau les lois et règlements de police, et de rappeler les citoyens à leur observation. — Les arrêtés pris par le maire sont immédiatement adressés au sous-préfet. — Ceux de ces arrêtés qui portent règlement permanent ne seront exécutoires qu'un mois après la remise de l'ampliation constatée par les récépissés donnés par le sous-préfet.

12. Le maire nomme à tous les emplois communaux pour lesquels la loi ne prescrit pas un mode spécial de nomination; il suspend et révoque les titulaires de ces emplois.

13. *Le maire nomme les gardes-champêtres, sauf l'approbation du conseil municipal* (1). Ils doivent être agréés et commissionnés par le sous-préfet ; ils peuvent être suspendus par le maire, mais le préfet seul peut les révoquer. — Le maire nomme également les pâtres communs, sauf l'approbation du conseil municipal. Il peut prononcer leur révocation.

14. Le maire est chargé seul de l'administration; mais il peut déléguer une partie de ses fonctions à un ou plusieurs de ses adjoints, et en l'absence des adjoints, à ceux des conseillers municipaux qui sont appelés à en faire les fonctions.

15. Dans le cas où le maire refuserait ou négligerait de faire un des actes qui lui sont prescrits par la loi, le préfet, après l'en avoir requis, pourra y procéder d'office par lui-même, ou par un délégué spécial.

16. Lorsque le maire procède à une adjudication publique pour le compte de la commune, il est assisté de deux membres du conseil municipal, désignés d'avance par le conseil, ou, à défaut, appelés dans l'ordre du tableau, — Le receveur

____

(1) V. Décr. 25 mars 1852. — Les gardes-champêtres sont nommés par le préfet.

municipal est appelé à toutes les adjudications. — Toutes les difficultés qui peuvent s'élever sur les opérations préparatoires de l'adjudication sont résolues, séance tenante, par le maire et les deux conseillers assistants, à la majorité des voix, sauf le recours de droit.

CHAPITRE II. — *Des attributions des conseils municipaux.*

17. Les conseils municipaux règlent par leurs délibérations les objets suivants : — 1° Le mode d'administration des biens communaux ; — 2° *Les conditions des baux à ferme ou à loyer dont la durée n'excède pas dix-huit ans pour les biens ruraux, et neuf ans pour les autres biens* (1); — 3° Le mode de jouissance et la répartition des pâturages et fruits communaux, autres que les bois, ainsi que les conditions à imposer aux parties prenantes ; — 4° Les affouages, en se conformant aux lois forestières.

18. Expédition de toute délibération sur un des objets énoncés en article précédent est immédiatement adressée par le maire au sous-préfet, qui en délivre ou fait délivrer récépissé. La délibération est exécutoire si, dans les trente jours qui suivent la date du récépissé, le préfet ne l'a pas annulée, soit d'office, pour violation d'une disposition de loi ou d'un règlement d'administration publique, soit sur la réclamation de toute partie intéressée. — Toutefois, le préfet peut suspendre l'exécution de la

(1) V. art. 1ᵉʳ, 2°. L. 24 juil. 1867.

délibération pendant un autre délai de trente jours.

19. Le conseil municipal délibère sur les objets suivants : 1° Le budget de la commune, et, en général, toutes les recettes et dépenses, soit ordinaires, soit extraordinaires ; — 2° *Les tarifs et règlements de perception de tous les revenus communaux* (1);—3° *Les acquisitions, aliénations et échanges des propriétés communales, leur affectation aux différents services publics, et, en général, tout ce qui intéresse leur conservation et leur amélioration* (2) ; — 4° La délimitation ou le partage des biens indivis entre deux ou plusieurs communes ou sections de commune ; — 5° *Les conditions des baux à ferme ou à loyer dont la durée excède dix-huit ans pour les biens ruraux, et neuf ans pour les autres biens, ainsi que celles des baux des biens pris à loyer par la commune, quelle qu'en soit la durée* (3) ; — 6° *Les projets de construction, de grosses réparations et de démolitions, et, en général, tous les travaux à entreprendre* (4); — 7° L'ouverture des rues et places publiques et les projets d'alignement de voirie municipale ; — 8° Le parcours et la vaine pâture ; — 9° *L'acceptation des dons et legs faits à la commune et aux établissements communaux* (5); — 10° Les actions judiciaires et transactions ; et tous

(1) L. 24 juil. 1867. art. 1er, 4° et 5°, et art. 9.
(2) Id. art. 1er 2°, 3°, 8°.
(3) Id. art. 1er, 2°.
(4) Id. art. 1er, 3°.
(5) Id. art. 1er, 9°.

les autres objets sur lesquels les lois et règlements appellent les conseils municipaux à délibérer.

20. Les délibérations des conseils municipaux sur les objets énoncés à l'article précédent sont adressées au sous-préfet. — Elles sont exécutoires sur l'approbation du préfet, sauf les cas où l'approbation par le ministre compétent, ou par ordonnance royale, est prescrite par les lois ou par les règlements d'administration publique.

21. Le conseil municipal est toujours appelé à donner son avis sur les objets suivants : — 1° Les circonscriptions relatives au culte ; — 2° Les circonscriptions relatives à la distribution des secours publics ; — 3° Les projets d'alignement de grande voirie dans l'intérieur des villes, bourgs et villages ; — 4° L'acceptation des dons et legs faits aux établissements de charité et de bienfaisance ; — *5° Les autorisations d'emprunter, d'acquérir, d'échanger, d'aliéner, de plaider ou de transiger, demandées par les mêmes établissements et par les fabriques des églises et autres administrations préposées à l'entretien des cultes dont les ministres sont salariés par l'État* (1) ; — 6° Les budgets et les comptes des établissements de charité et de bienfaisance ; — 7° Les budgets et les comptes des fabriques et autres administrations préposées à l'entretien des cultes dont les ministres sont salariés par l'État, lorsqu'elles reçoivent des secours sur les fonds communaux ; — 8° Enfin

(1) V. art. 12. L. 24 juil. 1867.

tous les objets sur lesquels les conseils municipaux
sont appelés par les lois et règlements à donner
leur avis ou seront consultés par le préfet.

22. Le conseil municipal réclame, s'il y a lieu,
contre le contingent assigné à la commune dans
l'établissement des impôts de répartition.

23. Le conseil municipal délibère sur les comptes
présentés annuellement par le maire. — Il entend, débat et arrête les comptes de deniers des
receveurs, sauf règlement définitif, conformément
à l'article 66 de la présente loi.

24. Le conseil municipal peut exprimer son vœu
sur tous les objets d'intérêt local. — Il ne peut
faire ni publier aucune protestation, proclamation
ou adresse.

25. Dans les séances où les comptes d'administration du maire sont débattus, le conseil municipal
pal désigne au scrutin celui de ses membres qui
exerce la présidence. — Le maire peut assister à
la délibération ; il doit se retirer au moment où le
conseil municipal va émettre son vote. Le président
adresse directement la délibération au sous-préfet.

26. Lorsque, après deux convocations successives
faites par le maire, à huit jours d'intervalle et dûment constatées, les membres du conseil municipal
ne se sont pas réunis en nombre suffisant, la délibération prise après la troisième convocation est
valable, quel que soit le nombre des membres présents.

27. Les délibérations des conseils municipaux se prennent à la majorité des voix. En cas de partage, la voix du président est prépondérante.

28. Les délibérations sont inscrites, par ordre de date, sur un registre coté et paraphé par le sous-préfet. Elles seront signées par tous les membres présents à la séance, ou mention sera faite de la cause qui les aura empêchés de signer.

29. Les séances des conseils municipaux ne sont pas publiques ; leurs débats ne peuvent être publiés officiellement qu'avec l'approbation de l'autorité supérieure. — Il est voté au scrutin secret toutes les fois que trois des membres présents le réclament.

TITRE III.— DES DÉPENSES ET RECETTES, ET DES BUDGETS DES COMMUNES.

30. Les dépenses des communes sont obligatoires ou facultatives. — Sont obligatoires les dépenses suivantes : — 1° L'entretien, s'il y a lieu, de l'Hôtel de Ville ou du local affecté à la mairie ; — 2° Les frais de bureau et d'impression pour le service de la commune ; — 3° L'abonnement au Bulletin des lois ; — 4° Les frais de recensement de la population ;— 5° Les frais des registres de l'état civil et la portion des tables décennales à la charge des communes ; — 6° Le traitement du receveur municipal, du préposé en chef de l'octroi et les frais de perception ; — 7° Le traitement des gardes des bois de la commune et des gardes-champêtres; — 8° Le

traitement et les frais de bureau des commissaires de police, tels qu'ils sont déterminés par les lois ; — 9° Les pensions des employés municipaux et des commissaires de police, régulièrement liquidées et approuvées ; — 10° Les frais de loyer et de réparation du local de la justice de paix, ainsi que ceux d'achat et d'entretien de son mobilier, dans les communes chefs-lieux de canton ; — 11° Les dépenses de la garde nationale, telles qu'elles sont déterminées par les lois ; — 12° Les dépenses relatives à l'instruction publique, conformément aux lois ; — 13° L'indemnité de logement aux curés et desservants et autres ministres des cultes salariés par l'État, lorsqu'il n'existe pas de bâtiment affecté à leur logement ; — 14° Les secours aux fabriques des églises et autres administrations préposées aux cultes dont les ministres sont salariés par l'État, en cas d'insuffisance de leurs revenus, justifiée par leurs comptes et budgets ; — 15° Le contingent assigné à la commune, conformément aux lois, dans la dépense des enfants trouvés et abandonnés ; — 16° Les grosses réparations aux édifices communaux, sauf l'exécution des lois concernant les bâtiments militaires et les édifices consacrés au culte ; — 17° La clôture des cimetières, leur entretien et leur translation dans les cas déterminés par les lois et règlements d'administration publique ; — 18° Les frais des plans d'alignements ; — 19° Les frais et dépenses des conseils de prud'hommes pour les communes où ils siègent ; les menus frais des Chambres consultatives des arts et manufactures, pour les communes où elles existent ; — 20° Les contributions et prélèvements établis par les lois sur les biens et revenus communaux ; — 21º L'acquittement des dettes exigibles; et généralement toutes les autres dépenses mises à la charge des communes par une disposition des lois. — Toutes dépenses autres que les précédentes sont facultatives.

31. Les recettes des communes sont ordinaires ou extraordinaires. — Les recettes ordinaires des communes se composent : — 1º Des revenus de tous les biens dont les habitants n'ont pas la jouissance en nature ; — 2º Des cotisations imposées annuellement sur les ayants-droit aux fruits qui se perçoivent en nature ; — 3º Du produit des centimes ordinaires affectés aux communes par les lois de finances ; — 4º Du produit de la portion accordée aux communes dans l'impôt des patentes ; — 5º Du produit des octrois municipaux ; — 6º Du produit des droits de place perçus dans les halles, foires, marchés, abattoirs, d'après les tarifs dûment autorisés ; — 7º Du produit des permis de stationnement et des locations sur la voie publique, sur les ports et rivières et autres lieux publics ; — 8º Du produit des péages communaux, des droits de pesage, mesurage et jaugeage, des droits de voirie et autres droits légalement établis ; — 9º Du prix des concessions dans les cimetières ; — 10º Du produit des concessions d'eau, de l'enlèvement des boues et immondices de la voie publique, et autres concessions autorisées pour les services communaux ; — 11º Du produit des expéditions des actes administratifs et des actes de l'état-civil ; — 12º De la portion que les lois accordent aux communes dans le produit des amendes prononcées par les tribunaux

de simple police, par ceux de police correctionnelle et *par les conseils de discipline de la garde
nationale.* — Et généralement du produit de toutes
les taxes de ville et de police dont la perception est
autorisée par la loi.

32. Les recettes extraordinaires se composent :
— 1° Des contributions extraordinaires dûment
autorisées ; — 2° Du prix des biens aliénés ; —
3° Des dons et legs ; — 4° Du remboursement des
capitaux exigibles et des rentes rachetées ; —
5° Du produit des coupes extraordinaires de bois ;
— 6° Du produit des emprunts ; et de toutes autres
recettes accidentelles.

33. Le budget de chaque commune, proposé par
le maire et voté par le conseil municipal, est définitivement réglé par arrêté du préfet. — *Toutefois,
le budget des villes dont le revenu est de cent mille
francs, ou plus, est réglé par une ordonnance du
Roi* (1). — Le revenu d'une commune est réputé
atteindre cent mille francs lorsque les recettes
ordinaires, constatées dans les comptes, se sont
élevées à cette somme pendant les trois dernières
années. — *Il n'est réputé être descendu au-dessous de cent mille francs que lorsque, pendant les
trois dernières années, les recettes ordinaires sont
restées inférieures à cette somme* (2).

34. *Les crédits qui pourraient être reconnus
nécessaires après le règlement du budget sont*

(1) Le règlement est fait par le préfet s'il n'y a pas d'impositions extraordinaires. (Décr. 25 mars 1852.)
(2) V. L. 24 Juil. 1867, art. 15.

délibérés conformément aux précédents, et auto-
risés par le préfet, dans les communes dont il est
appelé à régler le budget, et par le ministre, dans
les autres communes. — Toutefois, dans ces der-
nières communes, les crédits supplémentaires
pour dépenses urgentes pourront être approuvés
par le préfet (1).

35. Dans les cas où, par une cause quelconque,
le budget d'une commune n'aurait pas été approuvé avant le commencement de l'exercice, les
recettes et dépenses ordinaires continueront, jusqu'à l'approbation de ce budget, à être faites conformément à celui de l'année précédente.

36. *Les dépenses proposées au budget d'une*
commune peuvent être rejetées ou réduites par
l'ordonnance du Roi, ou par l'arrêté du préfet, qui
règle ce budget (2).

37. Les conseils municipaux peuvent porter au
budget un crédit pour dépenses imprévues. La
somme inscrite pour ce crédit ne pourra être ré-
duite ou rejetée qu'autant que les revenus ordinaires, après avoir satisfait à toutes les dépenses
obligatoires, ne permettraient pas d'y faire face,
ou qu'elle excéderait le dixième des recettes ordinaires. — Le crédit pour dépenses imprévues sera
employé par le maire, avec l'approbation du préfet
et du sous-préfet. — Dans les communes autres
que les chefs-lieux de département ou d'arron-

(2) V. Décr. 25 mars 1852.
(3) V. L. 24 Juil. 1867, art. 2.

dissement, le maire pourra employer le montant de ce crédit aux dépenses urgentes, sans approbation préalable, à la charge d'en informer immédiatement le sous-préfet, et d'en rendre compte au conseil municipal dans la première session ordinaire qui suivra la dépense effectuée.

38. Les dépenses proposées au budget ne peuvent être augmentées, et il ne peut y en être introduit de nouvelles par l'arrêté du préfet, ou l'ordonnance du Roi, qu'autant qu'elles sont obligatoires.

39. *Si un conseil municipal n'allouait pas les fonds exigés pour une dépense obligatoire, ou n'allouait qu'une somme insuffisante, l'allocation nécessaire serait inscrite au budget par ordonnance du Roi, pour les communes dont le revenu est de cent mille francs et au-dessus, et par arrêté du préfet, en conseil de préfecture, pour celles dont le revenu est inférieur* (1).

Dans tous les cas, le conseil municipal sera préalablement appelé à en délibérer. — S'il s'agit d'une dépense annuelle et variable, elle sera inscrite pour sa quotité moyenne pendant les trois dernières années. S'il s'agit d'une dépense annuelle et fixe de sa nature, ou d'une dépense extraordinaire, elle sera inscrite pour sa quotité réelle. — Si les ressources de la commune sont insuffisantes pour subvenir aux dépenses obligatoires inscrites d'office en vertu du présent article, il y sera pourvu par le conseil municipal, ou, en cas de refus de sa

(1) V. Déc. 25 mars 1852.

part, au moyen d'une contribution extraordinaire
établie par une ordonnance du Roi, dans les limites du maximum qui sera fixé annuellement par
la loi des finances, et par une loi spéciale si la
contribution doit excéder ce maximum.

40. — *Les délibérations du conseil municipal
concernant une contribution extraordinaire destinée à subvenir aux dépenses obligatoires
ne seront exécutoires qu'en vertu d'un arrêté
du préfet, s'il s'agit d'une commune ayant moins
de cent mille francs de revenu, et d'une ordonnance du Roi, s'il s'agit d'une commune ayant
un revenu supérieur. Dans le cas où la contribution extraordinaire aurait pour but de subvenir
à d'autres dépenses que les dépenses obligatoires,
elle ne pourra être autorisée que par ordonnance
du roi, s'il s'agit d'une commune ayant moins de
cent mille francs de revenu, et par une loi s'il s'a-
git d'une commune ayant un revenu supérieur* (1).

41. *Aucun emprunt ne pourra être autorisé que
par ordonnance du Roi, rendue dans les formes
des règlements d'administration publique, pour
les communes ayant moins de cent mille francs
de revenu, et par une loi, s'il s'agit d'une commune ayant un revenu supérieur. Néanmoins,
en cas d'urgence, et dans l'intervalle des sessions
une ordonnance du Roi, rendue dans la forme des
règlements d'administration publique, pourra
autoriser les communes dont le revenu est de*

(1) V. L. 24 juil. 1867, art. 3, 5, 7, 12, 17, 30.

cent mille francs et au-dessus ¦à contracter un emprunt jusqu'à concurrence du quart de leurs revenus (1).

42. Dans les communes dont les revenus sont inférieurs à cent mille francs, toutes les fois qu'il s'agira de contributions extraordinaires ou d'emprunt, les plus imposés aux rôles de la commune seront appelés à délibérer avec le conseil municipal, en nombre égal à celui des membres en exercice. — Ces plus imposés seront convoqués individuellement par le maire, au moins dix jours avant celui de la réunion. — Lorsque les plus imposés seront absents, ils seront remplacés en nombre égal par les plus imposés portés après eux sur le rôle.

43. *Les tarifs des droits de voirie sont réglés par ordonnance du Roi, rendue dans la forme des règlements d'administration publique* (2).

44. Les taxes particulières dues par les habitants ou propriétaires, en vertu des lois et des usages locaux, sont réparties par délibération du conseil municipal, approuvée par le préfet. — Ces taxes sont perçues suivant les formes établies pour le recouvrement des contributions publiques.

45. Aucune construction nouvelle, ou reconstruction entière ou partielle, ne pourra être autorisée que sur la production des projets et devis. —

(1) V. L. 24 juillet 1867. art. 3, 5, 8, 12, 17, 3°.
(2) V. Décr. 25 mars 1852. — Le règlement est fait par le préfet.

Ces projets et devis seront soumis à l'approbation préalable du ministre compétent, quand la dépense excédera trente mille francs, et à celle du préfet, quand elle sera moindre.

TITRE IV. — DES ACQUISITIONS, ALIÉNATIONS, BAUX, DONS ET LEGS.

46. *Les délibérations des conseils municipaux ayant pour objet des acquisitions, des ventes et échanges d'immeubles, le partage de biens indivis sont exécutoires sur arrêté du préfet, en conseil de préfecture, quand il s'agit d'une valeur n'excédant pas trois mille francs, pour les communes dont le revenu est au-dessous de cent mille francs, et vingt mille francs pour les autres communes. — S'il s'agit d'une valeur supérieure, il est statué par ordonnance du Roi* (1).

La vente des biens mobiliers et immobiliers des communes, autres que ceux qui servent à un usage public, pourra, sur la demande de tout créancier porteur de titres exécutoires, être autorisée par une ordonnance du Roi, qui déterminera les formes de la vente.

47. Les délibérations des conseils municipaux, ayant pour objets des baux dont la durée devra excéder dix-huit ans, ne sont exécutoires qu'en vertu d'une ordonnance royale. — Quelle que soit la durée du bail, l'acte passé par le maire n'est exécutoire qu'après l'approbation du préfet.

(1) V. Décr. 25 mars 1852. A n° 18.

48. *Les délibérations ayant pour objet l'acceptation des dons et legs d'objets mobiliers ou de
sommes d'argent, faits à la commune et aux établissements communaux, sont exécutoires, en
vertu d'un arrêté du préfet, lorsque leur valeur
n'excède pas trois mille francs, et en vertu d'une
ordonnance du Roi, lorsque leur valeur est supérieure ou qu'il y a réclamation des prétendants
droit à la succession, — Les délibérations qui porteraient refus de dons et legs, et toutes celles qui
concerneraient des dons et legs d'objets immobiliers, ne sont exécutoires qu'en vertu d'une ordonnance du Roi (1).*

Le maire peut toujours, à titre conservatoire,
accepter les dons et legs, en vertu de la délibération du conseil municipal : l'ordonnance du Roi
ou l'arrêté du préfet, qui intervient ensuite, a
effet du jour de cette acceptation.

TITRE V. — DES ACTIONS JUDICIAIRES ET DES TRANSACTIONS.

49. Nulle commune ou section de commune ne
peut introduire une action en justice sans être
autorisée par le conseil de préfecture. — Après
tout jugement intervenu, la commune ne peut se
pourvoir devant un autre degré de juridiction
qu'en vertu d'une nouvelle autorisation du conseil
de préfecture. — Cependant tout contribuable
inscrit au rôle de la commune a le droit d'exercer
à ses frais et risques, avec l'autorisation du con-

(1) V. décr., et L. 24 juil. 1867, art. 1, 1852, 9e.

seil de préfecture, les actions qu'il croirait apparpartenir à la commune ou section, et que la commune
ou section, préalablement appelée à en délibérer,
aurait refusé ou négligé d'exercer. — La commune
ou section sera mise en cause, et la décision qui
interviendra aura effet à son égard.

50. La commune, section de commune, ou le
contribuable auquel l'autorisation aura été refusée, pourra se pourvoir devant le Roi, en Conseil
d'État. Le pourvoi sera introduit et jugé en la
forme administrative. Il devra, à peine de déchéance, avoir lieu dans le délai de trois mois, à
dater de la notification de l'arrêté du conseil de
préfecture.

51. Quiconque voudra intenter une action contre
une commune ou section de commune sera tenu
d'adresser préalablement au préfet un mémoire
exposant les motifs de sa réclamation. Il lui en
sera donné récépissé. — La présentation du mémoire interrompra la prescription et toutes déchéances. — Le préfet transmettra le mémoire au
maire, avec l'autorisation de convoquer immédiatement le conseil municipal pour en délibérer.

52. La délibération du conseil municipal sera,
dans tous les cas, transmise au conseil de préfecture, qui décidera si la commune doit être autorisée à ester en jugement. — La décision du conseil
de préfecture devra être rendue dans le délai de
deux mois, à partir de la date du récépissé énoncé
en l'article précédent.

53. Toute décision du conseil de préfecture portant refus d'autorisation devra être motivée. — En cas de refus de l'autorisation, le maire pourra en vertu d'une délibération du conseil municipal, se pourvoir devant le Roi, en son conseil d'État, conformément à l'art. 50 ci-dessus. — Il devra être statué sur le pourvoi dans le délai de deux mois, à partir du jour de son enregistrement au secrétariat général du Conseil d'État.

54. L'action ne pourra être intentée qu'après la décision du conseil de préfecture, l'instance sera suspendue jusqu'à ce qu'il ait été statué sur le pourvoi, et, à défaut de décision dans le délai fixé par l'article du précédent jusqu'à l'expiration de ce délai. — En aucun cas, la commune ne pourra défendre à l'action qu'autant qu'elle y aura été expressément autorisée.

55. Le maire peut toutefois, sans autorisation préalable, intenter toute action possessoire, ou y défendre, et faire tous autres actes conservatoires ou interruptifs des déchéances.

56. Lorsqu'une section est dans le cas d'intenter ou de soutenir une action judiciaire contre la commune elle-même, il est formé, pour cette section, une commission syndicale de trois ou cinq membres, que le préfet choisit parmi les électeurs municipaux, et, à leur défaut, parmi les citoyens les plus imposés. — Les membres du corps municipal qui seraient intéressés à la jouissance des biens ou droits revendiqués par la section, ne devront

point participer aux délibérations du conseil municipal relatives au litige. — Ils seront remplacés, dans toutes ces délibérations, par un nombre égal d'électeurs municipaux de la commune, que le préfet choisira parmi les habitants ou propriétaires étrangers à la section. — L'action est suivie par celui de ses membres que la commission syndicale désigne à cet effet.

57. Lorsqu'une section est dans le cas d'intenter ou de soutenir une action judiciaire contre une autre section de la même commune, il sera formé, pour chacune des sections intéressées, une commission syndicale, conformément à l'article précédent.

58. La section qui aura obtenu une condamnation contre la commune, ou contre une autre section, ne sera point passible des charges ou contributions imposées pour l'acquittement des frais et dommages-intérêts qui résulteraient du fait du procès. — Il en sera de même à l'égard de toute partie qui aurait plaidé contre une commune ou une section de commune.

59. Toute transaction consentie par un conseil municipal ne peut être exécutée qu'après l'homologation par ordonnance royale, s'il s'agit d'objets immobiliers ou d'objets mobiliers d'une valeur supérieure à trois mille francs, et par arrêté du préfet en conseil de préfecture, dans les autres cas (1).

(1) V. Décr. 25 mars 1852.

TITRE VI. — COMPTABILITÉ DES COMMUNES.

60. Les comptes du maire, pour l'exercice clos, sont présentés au conseil municipal avant la délibération du budget. Ils sont définitivement approuvés par les préfets, pour les communes dont le revenu est inférieur à cent mille francs, et par le ministre compétent, pour les autres communes.

61. Le maire peut seul délivrer des mandats. S'il refusait d'ordonnancer une dépense régulièrement autorisée et liquidée, il serait prononcé par le préfet en conseil de préfecture. — L'arrêté du préfet tiendrait lieu du mandat du maire.

62. Les recettes et dépenses communales s'effectuent par un comptable chargé seul, et sous sa responsabilité, de poursuivre la rentrée de tous revenus de la commune, et de toutes sommes qui lui seraient dues, ainsi que d'acquitter les dépenses ordonnancées par le maire, jusqu'à concurrence des crédits régulièrement accordés. — Tous les rôles de taxe, de sous-répartitions et de prestations locales devront être remis à ce comptable.

63. Toutes les recettes municipales pour lesquelles les lois et règlements n'ont pas prescrit un mode spécial de recouvrement s'effectuent sur des états dressés par le maire. Ces états sont exécutoires après qu'ils ont été visés par le sous-préfet. — Les oppositions, lorsque la matière est de la compétence des tribunaux ordinaires, sont jugées

comme affaires sommaires, et la commune peut y défendre sans autorisation du conseil de préfecture.

64. Toute personne, autre que le receveur municipal, qui, sans autorisation légale, se serait ingérée dans le maniement des deniers de la commune, sera, par ce seul fait, constituée comptable; elle pourra, en outre, être poursuivie en vertu de l'art. 258 du Code pénal, comme s'étant immiscée sans titre dans des fonctions publiques.

65. Le percepteur remplit les fonctions de receveur municipal. — Néanmoins, dans les communes dont le revenu excède trente mille francs, ces fonctions sont confiées, si le conseil municipal le demande, à un receveur municipal spécial. Il est nommé par le Roi, sur trois candidats que le conseil municipal présente. — Les dispositions du premier paragraphe ci-dessus ne seront applicables aux communes ayant actuellement un receveur municipal, que sur la demande du conseil municipal ou en cas de vacance.

66. Les comptes du receveur municipal sont définitivement apurés par le conseil de préfecture, pour les communes dont le revenu n'excède pas trente mille francs, sauf recours à la cour des comptes. — Les comptes des receveurs des communes dont le revenu excède trente mille francs sont réglés et apurés par ladite cour. — Les dispositions ci-dessus, concernant la juridiction des conseils de préfecture et de la cour des comptes sur les comptes des receveurs municipaux, sont applicables aux comptes des trésoriers des hôpitaux et autres établissements de bienfaisauce.

67. La responsabilité des receveurs municipaux et les formes de la comptabilité des communes seront déterminées par des règlements d'administration publique. Les receveurs municipaux seront assujettis, pour l'exécution de ces règlements, à la surveillance du receveur des finances. — Dans les communes où les fonctions de receveur municipal et de percepteur sont réunies, la gestion du comptable est placée sous la responsabilité du receveur des finances de l'arrondissement.

68. Les comptables qui n'auront pas présenté leurs comptes dans les délais prescrits par les règlements, pourront être condamnés, par l'autorité chargée de les juger, à une amende de dix à cent francs, par chaque mois de retard, pour les receveurs et trésoriers justiciables des conseils de préfecture, et de cinquante à cinq cents francs, également par mois de retard, pour ceux qui sont justiciables de la cour des comptes. — Ces amendes seront attribuées aux communes ou établissements que concernent les comptes en retard. — Elles seront assimilées aux débets de comptables, et le recouvrement pourra en être suivi par corps, conformément aux articles 8 et 9 de la loi du 17 avril 1832.

69. Les budgets et les comptes des communes restent déposés à la mairie, où toute personne

imposée aux rôles de la commune a droit d'en prendre connaissance. — Ils sont rendus publics par la voie de l'impression, dans les communes dont le revenu est de cent mille francs ou plus, et dans les autres, quand le conseil municipal a voté la dépense de l'impression.

TITRE VII. — DES INTÉRÊTS QUI CONCERNENT PLUSIEURS COMMUNES.

70. Lorsque plusieurs communes possèdent des biens ou des droits par indivis, une ordonnance du Roi instituera, si l'une d'elles le réclame, une commission syndicale composée de délégués des conseils municipaux des communes intéressées. — Chacun des conseils élira dans son sein, au scrutin secret, et à la majorité des voix, le nombre de délégués qui aura été déterminé par l'ordonnance du Roi. — La commission syndicale sera renouvelée tous les trois ans, après le renouvellement partiel des conseils municipaux. — Les délibérations prises par la commission ne sont exécutoires que sur l'approbation du préfet, et demeurent d'ailleurs soumises à toutes les règles établies pour les délibérations des conseils municipaux.

71. La commission syndicale sera présidée par un syndic qui sera nommé par le préfet et choisi parmi les membres qui la composent. — Les attributions de la commission syndicale et du syndic, en ce qui touche les biens et les droits indivis, seront les mêmes que celles des conseils munici-

paux et des maires pour l'administration des propriétés communales.

72. Lorsqu'un même travail intéressera plusieurs communes, les conseils municipaux seront spécialement appelés à délibérer sur leurs intérêts respectifs et sur la part de la dépense que chacune d'elles devra supporter. Ces délibérations seront soumises à l'approbation du préfet. — En cas de désaccord entre les conseils municipaux, le préfet prononcera, après avoir entendu les conseils d'arrondissement et le conseil général. — Si les conseils municipaux appartiennent à des départements différents, il sera statué par ordonnance royale. — La part de la dépense définitivement assignée à chaque commune sera portée d'offic aux budgets respectifs, conformément à l'article 39 de la présente loi.

73. En cas d'urgence, un arrêté du préfet suffira pour ordonner les travaux, et pourvoir à la dépense à l'aide d'un rôle provisoire. Il sera procédé ultérieurement à sa répartition définitive, dans la forme déterminée par l'article précédent.

TITRE VIII. — DISPOSITION SPÉCIALE.

74. Il sera statué par une loi spéciale sur l'administration municipale de la ville de Paris. V. infra, *loi du 16 avril 1871.)*

LOI DU 5 MAI 1855

Sur l'Organisation municipale.

SECTION PREMIÈRE.—*Composition et mode de nomination du corps municipal.*

Art. 1er. Le corps municipal de chaque commune se compose du maire, d'un ou de plusieurs adjoints, et des conseillers municipaux. — Les fonctions des maires, des adjoints et des autres membres du corps municipal sont gratuites.

2. *Le maire et les adjoints sont nommés par l'Empereur, dans les chefs-lieux de département, d'arrondissement et de canton, et dans les communes de trois mille habitants et au-dessus. — Dans les autres communes, ils sont nommés par le préfet, au nom de l'Empereur. — Ils doivent être âgés de vingt-cinq ans accomplis, et inscrits, dans la commune, au rôle de l'une des quatre contributions directes. — Les adjoints peuvent être pris, comme le maire, en dehors du conseil municipal. — Le maire et les adjoints sont nommés pour cinq ans. Ils remplissent leurs fonctions, même après l'expiration de ce terme, jusqu'à l'installation de leurs successeurs. — Ils peuvent être suspendus par arrêté du préfet. — Cet arrêté cessera d'avoir effet, s'il n'est confirmé, dans le délai de deux mois, par le ministre de l'Intérieur. — Les maires et les adjoints ne peuvent être révoqués que par décret de l'Empereur (1).*

(1) V. L. 12 août 1876.

3. Il y a un adjoint dans les communes de deux mille cinq cents habitants et au-dessous ; deux dans celles de deux mille cinq cent un à dix mille habitants. Dans les communes d'une population supérieure, il pourra être nommé un adjoint de plus par chaque excédant de vingt mille habitants. Lorsque la mer ou quelque autre obstacle rend difficiles, dangereuses ou momentanément impossibles les communications entre le chef-lieu et une fraction de commune, un adjoint spécial, pris parmi les habitants de cette fraction, est nommé en sus du nombre ordinaire : cet adjoint spécial remplit les fonctions d'officier de l'état civil, et peut être chargé de l'exécution des lois et règlements de police dans cette partie de la commune.

4. En cas d'absence ou d'empêchement, le maire est remplacé par un de ses adjoints, dans l'ordre des nominations. — En cas d'absence ou d'empêchement du maire et de ses adjoints, le maire est remplacé par un conseiller municipal désigné par le préfet, ou, à défaut de cette désignation, par le conseiller municipal le premier dans l'ordre du tableau. — Ce tableau est dressé d'après le nombre des suffrages obtenus, et en suivant l'ordre des scrutins.

5. Ne peuvent être ni maires ni adjoints : — 1° Les préfets, sous-préfets, secrétaires généraux et conseillers de préfecture ; — 2° Les membres des cours, des tribunaux de première instance et des justices de paix ; — 3° Les ministres des cultes ; — 4° Les militaires et employés des armées de terre et de mer en activité de service ou en disponibilité ;

— 5° Les ingénieurs des ponts et chaussées et des mines en activité de service, les conducteurs des ponts et chaussées et les agents voyers ; — 6° Les agents et employés des administrations financières et des forêts, ainsi que les gardes des établissements publics et des particuliers ; — 7° Les commissaires et agents de police ; — 8° Les fonctionnaires et employés des colléges communaux et les instituteurs communaux ou libres ; — 9° Les comptables et les fermiers des revenus communaux et les agents salariés par la commune. — Néanmoins les juges suppléants aux tribunaux de première instance et les suppléants de juges de paix peuvent être maires ou adjoints. — Les agents salariés du maire ne peuvent être ses adjoints. — Il y a incompatibilité entre les fonctions de maire et d'adjoint et le service de la garde nationale.

6. Chaque commune a un conseil municipal composé de dix membres, dans les communes de 500 habitants et au-dessous :

De 12, dans celles de 501 à 1,500 ;
De 16, dans celles de 1,501 à 2,500 ;
De 21, dans celles de 2,501 à 3,500 ;
De 23, dans celles de 3,501 à 10,000 ;
De 27, dans celles de 10,001 à 30,000 ;
De 30, dans celles de 30,001 à 40,000 ;
De 32, dans celles de 40,001 à 50,000 ;
De 34, dans celles de 50,001 à 60,000 ;
De 36, dans celles de 60,001 et au-dessus.

7. Les membres du conseil municipal sont élus par les électeurs inscrits sur la liste communale dressée en vertu de l'article 13 du décret du 2 février 1852. — Le préfet peut, par un arrêté pris en conseil de préfecture, diviser les communes en sections électorales. — Il peut, par le même arrêté, répartir entre les sections le nombre des conseillers à élire, en tenant compte du nombre des électeurs inscrits (1).

8. Les conseillers municipaux doivent être âgés de vingt ans accomplis. — *Ils sont élus pour cinq ans* (2). — En cas de vacance dans l'intervalle des élections *quinquennales*, il est procédé au remplacement, quand le conseil municipal se trouve réduit aux trois quarts de ses membres.

9. Ne peuvent être conseillers municipaux. — 1º Les comptables de deniers communaux et les agents salariés de la commune ; — 2º Les entrepreneurs de services communaux ;—3º Les domestiques attachés à la personne ; — 4º Les individus dispensés de subvenir aux charges communales et ceux qui sont secourus par le bureau de bienfaisance.

10. Les fonctions de conseiller municipal sont incompatibles avec celles : 1º De préfets, sous-préfets, secrétaires généraux, conseillers de préfecture ; — 2º De commissaires et d'agents de police ; — 3º De militaires ou employés des armées de terre et de mer en activité de service ; — 4º De minis-

(1) V. Lois 24 juil. 1867. art. 21 et L. 14 avril 1871. — art. 3. L. 7 juil. 1874.
(2) V. L. 14 avril 1871. art 8.

tres des divers cultes en exercice dans la commune. — Nul ne peut être membre de plusieurs conseils municipaux (1).

11. Dans les communes de cinq cents âmes et au-dessus, les parents au degré de père, de fils, de frère, et les alliés au-même degré, ne peuvent être en même temps membres du conseil municipal.

12. Tout conseiller municipal qui, par une cause survenue postérieurement à sa nomination, se trouve dans un des cas prévus par les articles 9, 10 et 11, est déclaré démissionnaire par le préfet, sauf recours au conseil de préfecture.

13. Les conseils municipaux peuvent être suspendus par le préfet ; la dissolution ne peut être prononcée que par l'Empereur. — La suspension prononcée par le préfet sera de deux mois, et pourra être prolongée par le ministre de l'Intérieur jusqu'à une année ; à l'expiration de ce délai, si la dissolution n'a pas été prononcée par un décret, le conseil municipal reprend ses fonctions. — En cas de suspension, le préfet nomme immédiatement une commission pour remplir les fonctions du conseil municipal dont la suspension a été prononcée. En cas de dissolution, la commission est nommée soit par l'Empereur, soit par le préfet, suivant la distinction établie au paragraphe 1er de l'article 2 de la présente loi. — Le nombre des membres de cette commission ne peut être inférieur à la moitié de celui des conseillers municipaux. —

(1) V. aussi L. 24 Juil. 1867, art. 21, et L. 14 avril 1871, art. 5.

La commission nommée en cas de dissolution peut être maintenue en fonctions jusqu'au renouvellement quinquennal. (1)

14. Dans la ville de Paris, dans les autres communes du département de la Seine, et dans la ville de Lyon, le conseil municipal est nommé par l'Empereur, tous les cinq ans, et présidé par un de ses membres, également désigné par l'Empereur. — Les conseils de Paris et de Lyon sont composés de trente-six membres. — Il n'est pas autrement dérogé aux lois spéciales qui régissent l'organisation municipale dans ces deux villes (2).

SECTION II. — *Assemblée des conseils municipaux.*

15. Les conseils municipaux s'assemblent, en session ordinaire, quatre fois l'année : au commencement de février, mai, août et novembre. Chaque session peut durer dix jours. — Le préfet ou le sous-préfet prescrit la convocation extraordinaire du conseil municipal, ou l'autorise, sur la demande du maire, toutes les fois que les intérêts de la commune l'exigent. — La convocation peut également avoir lieu, pour un objet spécial et déterminé, sur la demande du tiers des membres du conseil municipal, adressée directement au préfet, qui ne peut la refuser que par un arrêté motivé. Cet arrêté est notifié aux réclamants, qui peuvent se pourvoir devant le ministre de l'Intérieur.

16. La convocation se fait par écrit et à domi-

(1) V. L, 24 Juil. 1867 — art. 22.
(2). L. 14 avril 1871 — art. 10.

cile. — Quand le conseil municipal se réunit en session ordinaire, la convocation se fait trois jours au moins avant celui de la réunion. Elle contient l'indication des objets spéciaux et déterminés pour lesquels le conseil doit s'assembler. — Dans les sessions ordinaires, le conseil peut s'occuper de toutes les matières qui rentrent dans ses attributions. — En cas de réunion extraordinaire, le conseil ne peut s'occuper que des objets pour lesquels il a été spécialement convoqué. — En cas d'urgence, le sous-préfet peut abréger les délais de convocation.

17. Le conseil municipal ne peut délibérer que lorsque la majorité des membres en exercice assiste à la séance. — Lorsque, après deux convocations successives, à huit jours d'intervalle, et dûment constatées, les membres du conseil municipal ne sont pas réunis en nombre suffisant, la délibération prise après la troisième convocation est valable, quel que soit le nombre des membres présents.

18. Les conseillers siégent dans l'ordre du tableau. — Les résolutions sont prises à la majorité absolue des suffrages. — Il est voté au scrutin secret toutes les fois que trois des membres présents le réclament.

19. Le maire préside le conseil municipal et a voix prépondérante en cas de partage. — Les mêmes droits appartiennent à l'adjoint qui le remplace. — *Dans tout autre cas, les adjoints pris en dehors du conseil ont seulement le droit d'y siéger*

avec voix consultative. Les fonctions de secrétaire sont remplies par un des membres du conseil, nommé au scrutin secret et à la majorité des membres présents. Le secrétaire est nommé pour chaque session.

20. Tout membre du conseil municipal qui, sans motifs légitimes, a manqué à trois convocations consécutives, peut être déclaré démissionnaire par le préfet, sauf recours, dans les dix jours de la notification, devant le conseil de préfecture.

21. Les membres du conseil municipal ne peuvent prendre part aux délibérations relatives aux affaires dans lesquelles ils ont un intérêt, soit en leur nom personnel, soit comme mandataires.

22. Les séances des conseils municipaux ne sont pas publiques. — Les délibérations sont inscrites, par ordre de date, sur un registre coté et paraphé par le sous-préfet. — Elles sont signées par tous les membres présents à la séance, ou mention est faite de la cause qui les a empêchés de signer. — Copie en est adressée au préfet et au sous-préfet, dans la huitaine. — Tout habitant ou contribuable de la commune a droit de demander communication, sans déplacement, et de prendre copie des délibérations du conseil municipal de sa commune.

23. Toute délibération d'un conseil municipal portant sur un objet étranger à ses attributions est nulle de plein droit. — Le préfet, en conseil de préfecture, en déclare la nullité. En cas de

réclamation du conseil municipal, il est statué par un décret de l'Empereur, le conseil d'État entendu.

24. Sont également nulles, de plein droit, toutes les délibérations prises par un conseil municipal hors de sa réunion légale. — Le préfet, en conseil de préfecture, déclare l'illégalité de la réunion et la nullité des délibérations.

25. Tout conseil municipal qui se mettrait en correspondance avec un ou plusieurs autres conseils, ou qui publierait des proclamations ou adresses, sera immédiatement suspendu par le préfet.

26. Tout éditeur, imprimeur, journaliste ou autre, qui rendra publics les actes interdits au conseil municipal par les articles 24 et 25 de la présente loi, sera passible des peines portées en l'article 123 du Code pénal.

SECTION III. — ASSEMBLÉE DES ÉLECTEURS MUNICIPAUX, ET VOIE DE RECOURS CONTRE LES OPÉRATIONS ÉLECTORALES.

27. L'assemblée des électeurs est convoquée par le préfet aux jours déterminés par l'article 33 de la présente loi.

28. Lorsqu'il y aura lieu de remplacer les conseillers municipaux élus par des sections, conformément à l'article 7 de la présente loi, ces remplacements seront faits par les sections auxquelles appartenaient ces conseillers.

29. Les sections sont présidées, savoir : la première par le maire, et les autres, successivement, par les adjoints dans l'ordre de leur nomination, et par les conseillers municipaux, dans l'ordre du tableau.

30. Le président a seul la police de l'assemblée — Ces assemblées ne peuvent s'occuper d'autres objets que des élections qui leur sont attribuées. Toute discussion, toute délibération leur sont interdites.

31. Les deux plus âgés et les deux plus jeunes des électeurs présents à l'ouverture de la séance sachant lire et écrire, remplissent les fonctions de scrutateurs. — Le secrétaire est désigné par le président et les scrutateurs. Dans les délibérations du bureau, il n'a que voix consultative. — Trois membres du bureau, au moins, doivent être présents pendant tout le cours des opérations.

32. Les assemblées des électeurs communaux procèdent aux élections qui leur sont attribuées au scrutin de liste (1).

33. *Dans les communes de deux mille cinq cents habitants et au-dessus, le scrutin dure deux jours; il est ouvert le samedi et clos le dimanche. Dans les communes d'une population moindre, le scrutin ne dure qu'un jour; il est ouvert et clos le dimanche.* (2)

(1) V. L. 14 avril 1871 — art. 7.
(2) V. L. 14 avril 1871, — art. 3.

34. Le bureau juge provisoirement les difficultés qui s'élèvent sur les opérations de l'assemblée. — Ses décisions sont motivées. — Toutes les réclamations et décisions sont insérées au procès-verbal: les pièces et les bulletins qui s'y rapportent y sont annexés, après avoir été paraphés par le bureau.

35. Pendant toute la durée des opérations, une copie de la liste des électeurs, certifiée par le maire, contenant les noms, domicile, qualification de chacun des inscrits, reste déposée sur la table autour de laquelle siége le bureau.

36. Nul ne peut être admis à voter s'il n'est inscrit sur cette liste. — Toutefois, seront admis à voter, quoique non inscrits, les électeurs porteurs d'une décision du juge de paix ordonnant leur inscription, ou d'un arrêt de la cour de cassation annulant un jugement qui aurait prononcé leur radiation.

37. Nul électeur ne peut entrer dans l'assemblée s'il est porteur d'armes quelconques.

38. Les électeurs sont appelés successivement à voter par ordre alphabétique. — Ils apportent leurs bulletins préparés en dehors de l'assemblée. — Le papier du bulletin doit être blanc et sans signe extérieur — A l'appel de son nom, l'électeur remet au président son bulletin fermé. — Le président le dépose dans la boîte du scrutin, laquelle doit, avant le commencement du vote, avoir été fermée à deux serrures, dont les clefs restent, l'une entre les mains du président, l'autre entre les mains du scrutateur le plus âgé. — Le vote de chaque électeur est constaté sur la liste, en marge de son nom, par la signature ou le paraphe de l'un des membres du bureau. — L'appel étant terminé il est procédé au réappel, par ordre alphabétique, des électeurs qui n'ont pas voté.

39. Le président doit constater, au commencement de l'opération, l'heure à laquelle le scrutin est ouvert. — Le scrutin ne peut être fermé qu'après être resté ouvert pendant trois heures au moins. — Le président constate l'heure à laquelle il déclare le scrutin clos, et, après cette déclaration, aucun vote ne peut être reçu.

40. Après la clôture du scrutin, il est procédé au dépouillement de la manière suivante : — La boîte du scrutin est ouverte et le nombre des bulletins vérifié. — Si le nombre est plus grand ou moindre que celui des votants, il en est fait mention au procès-verbal. — Le bureau désigne, parmi les électeurs présents, un certain nombre de scrutateurs. — Le président et les membres du bureau surveillent l'opération du dépouillement. — Ils peuvent y procéder eux-mêmes s'il y a moins de trois cents votants.

41. Si le dépouillement du scrutin ne peut avoir lieu le jour même, les boîtes contenant les bulletins sont scellées et déposées pendant la nuit au secrétariat ou dans une des salles de la mairie. — Les scellés sont également apposés sur les ouvertures du lieu où les boîtes ont été déposées. — Le

·maire prend les autres mesures nécessaires pour la garde des boîtes du scrutin.

42. Les bulletins sont valables, bien qu'ils portent plus ou moins de noms qu'il n'y a de conseillers à élire. Les derniers noms inscrits au delà de ce nombre ne sont pas comptés. Les bulletins blancs ou illisibles, ceux qui ne contiennent pas une désignation suffisante, ou qui contiennent une désignation ou qualification inconstitutionnelle, ou dans lesquels les votants se font connaître, n'entrent pas en compte dans le résultat du dépouillement, mais ils sont annexés au procès-verbal.

43. Immédiatement après le dépouillement, le président proclame le résultat du scrutin. Le procès-verbal des opérations électorales est dressé par le secrétaire ; il est signé par lui et par les autres membres du bureau. Une copie, également signée du secrétaire et des membres du bureau, en est aussitôt envoyée au préfet par l'intermédiaire du sous-préfet. Les bulletins, autres que ceux qui doivent être annexés au procès-verbal, sont brûlés en présence des électeurs.

44. Nul n'est élu au premier tour de scrutin, s'il n'a réuni : 1° la majorité absolue des suffrages exprimés ; 2° un nombre de suffrages égal au quart de celui des électeurs inscrits. Au deuxième tour de scrutin, l'élection a lieu à la majorité relative, quel que soit le nombre des votants. Les deux tours de scrutin peuvent avoir lieu le même jour. Dans le cas ou le deuxième tour de scrutin ne peut avoir

lieu le même jour, l'assemblée est de droit convo-
voquée pour le dimanche suivant. Si plusieurs
candidats obtiennent le même nombre de suffrages
l'élection est acquise au plus âgé.

45. Tout électeur a le droit d'arguer de nullité
les opérations de l'assemblée dont il fait partie.
Les réclamations doivent être consignées au procès-
verbal, sinon elles doivent être, à peine de nullité,
déposées au secrétariat de la mairie, dans le délai
de cinq jours, à dater du jour de l'élection. Elles
sont immédiatement adressées au prélet, par l'intermédiaire du sous-préfet ; elles peuvent aussi
être directement déposées à la préfecture, ou à la
sous-préfecture, dans le délai de cinq jours. Il est
statué par le conseil de préfecture, sauf recours
au conseil d'État. Si le conseil de préfecture n'a
pas prononcé dans le délai d'un mois, à compter
de la réception des pièces à la préfecture, la réclamation est considérée comme rejetée. Les réclamants peuvent se pourvoir au conseil d'État
dans le délai de trois mois. — En cas de recours
au conseil d'État, le pourvoi est jugé sans frais.

46. — Le préfet, s'il estime que les conditions
et les formes légalement prescrites n'ont pas été
remplies, peut également, dans le délai de quinze
jours, à dater de la réception du procès-verbal,
déférer les opérations électorales au conseil de
préfecture. Le recours au conseil d'État contre la
décision du conseil de préfecture, est ouvert, soit
au préfet, soit aux parties intéressées, dans les
formes réglées par l'article précédent.

47. Dans tous les cas où une réclamation, formée en vertu de la présente loi, implique la solution préjudicielle d'une question d'État, le conseil de préfecture renvoit les parties à se pourvoir devant les juges compétents, et fixe un bref délai dans lequel la partie qui aura élevé la question préjudicielle doit justifier de ses diligences.

48. Dans le cas où l'annulation de tout ou partie des élections est devenue définitive, l'assemblée des électeurs est convoquée dans un délai qui ne peut excéder trois mois.

49. Dans les six mois qui suivront la promulgation de la présente loi, il sera procédé au renouvellement intégral des conseils municipaux, ainsi qu'à la nomination des maires et des adjoints. — Les membres des conseils municipaûx, les maire et adjoints actuellement en exercice, continueront leurs fonctions jusqu'à l'installation de leurs successeurs.

SECTION VI. — DISPOSITIONS PARTICULIÈRES.

Dans les communes chefs-lieux de département, dont la population excède quarante mille âmes, le préfet remplit les fonctions de préfet de police, telles qu'elles sont réglées par les dispositions actuellement en vigueur de l'arrêté des consuls du 12 messidor an VIII. — Toutefois les maires desdites communes restent chargés, sous la surveillance du préfet, et sans préjudice des attributions, tant générales que spéciales, qui leur sont conférées par les lois : 1° De tout ce qui

concerne l'établissement, l'entretien, la conservation des édifices communaux, cimetières, pro-
menades, places, rues et voies publiques, ne dépendant pas de la grande voirie ; l'établissement
et la réparation des fontaines, aqueducs, pompes
et égoûts ; — 2° De la police municipale, en tout
ce qui a rapport à la sûreté et à la liberté du
passage sur la voie publique, à l'éclairage, au
balayage, aux arrosements, à la solidité et à la
salubrité des constructions privées ; — Aux mesures propres à prévenir et à arrêter les accidents et fléaux calamiteux, tels que les incendies,
les épidémies, les épizooties, les débordements ;
— Aux secours à donner aux noyés ; — A l'inspection de la salubrité des denrées, boissons, co-
mestibles et autres marchandises mises en vente
publique, et de la fidélité de leur débit ; — 3° De la
fixation des mercuriales ;— 4° Des adjudications,
marchés et baux. — Les conseils municipaux desdites communes sont appelés chaque année, à
voter sur la proposition du préfet, les allocations
qui doivent être affectées à chacun des services
dont les maires cessent d'être chargés. Ces dépenses sont obligatoires. — Si un conseil n'allouait pas les fonds exigés pour ces dépenses, ou
n'allouait qu'une somme insuffisante, l'allocation
serait inscrite au budget par décret impérial, le
conseil d'État entendu (1).

(1) V. L. 14 juill. 1867, art. 23.

LOI DU 24 JUILLET 1867

Sur les Conseils municipaux.

(Voy. le commentaire de cette loi *supra*, ohap. IX.)

TITRE PREMIER. — DES ATTRIBUTIONS DES CONSEILS MUNICIPAUX.

Art. 1er. Les conseils municipaux règlent, par leurs délibérations, les affaires ci-après désignées, savoir : — 1° Les acquisitions d'immeubles, lorsque la dépense, totalisée avec celle des autres acquisitions déjà votées dans le même exercice, ne dépasse pas le dixième des revenus ordinaires de la commune ; — 2° Les conditions des baux à loyer des maisons et bâtiments appartenant à la commune, pourvu que la durée du bail ne dépasse pas dix-huit ans ; — 3° Les projets, plans et devis de grosses réparations et d'entretien, lorsque la dépense totale afférente à ces projets et autres projets de la même nature, adoptés dans le même exercice, ne dépasse pas le cinquième des revenus ordinaires de la commune, ni, en aucun cas, une somme de cinquante mille francs ; — 4° Le tarif des droits de place à percevoir dans les halles, foires et marchés ; — 5° Les droits pour permis de stationnement et de locations sur les rues, places et autres lieux dépendant du domaine public communal ; — 6° Le tarif des concessions dans les cimetières ; — 7° Les assurances des bâtiments communaux ; — 8° L'affectation d'une propriété communale à un service communal, lorsque cette propriété n'est encore affectée à aucun service public, sauf

les règles prescrites par des lois particulières ; —
9° L'acceptation ou le refus des dons et legs faits
à la commune sans charges, conditions ni affectation immobilière, lorsque ces dons et legs ne donnent pas lieu à réclamation. — En cas de désaccord entre le maire et le conseil municipal, la délibération ne sera exécutoire qu'après approbation du préfet.

2. Lorsque le budget communal pourvoit à
toutes les dépenses obligatoires et qu'il n'applique
aucune recette extraordinaire aux dépenses, soit
obligatoires, soit facultatives, les allocations portées audit budget par le conseil municipal pour
des dépenses facultatives ne peuvent être ni chan-
gées, ni modifiées, par l'arrêté du préfet ou par le
décret impérial qui règle le budget.

3. Les conseils municipaux peuvent voter, dans
la limite du maximum fixé chaque année par le
conseil général, des contributions extraordinaires
n'excédant pas cinq centimes pendant cinq années,
pour en affecter le produit à des dépenses extraordinaires d'utilité communale. — Ils peuvent aussi
voter trois centimes extraordinaires, exclusivement affectés aux chemins vicinaux ordinaires. —
Les conseils municipaux votent et règlent, par
leurs délibérations, les emprunts communaux
remboursables sur les centimes extraordinaires,
votés comme il vient d'être dit au 1ᵉʳ paragraphe
du présent article, ou sur les ressources ordinaires, quand l'amortissement, en ce dernier cas,
ne dépasse pas douze années. — En cas de désaccord entre le maire et le conseil municipal, la dé-

libération ne sera exécutoire qu'après approbation du préfet.

4. A l'avenir, les forêts et les bois de l'Etat acquitteront les centimes additionnels ordinaires et extraordinaires affectés aux dépenses des communes, dans la proportion de la moitié de leur valeur imposable, le tout sans préjudice des dispositions de l'article 13 de la loi du 22 mai 1836, de l'article 3 de la loi du 12 juillet 1865, et du § 2 de l'article 3 de la présente loi.

5. Les conseils municipaux votent, sauf approbation du préfet : — 1° Les contributions extraordinaires qui dépasseraient cinq centimes sans excéder le maximum fixé par le conseil général, et dont la durée ne serait pas supérieure à douze années ; — 2° Les emprunts remboursables sur ces mêmes contributions extraordinaires ou sur les revenus ordinaires dans un délai excédant douze années.

6. L'article 18 de la loi du 18 juillet 1837 est applicable aux délibérations prises par les conseils municipaux, en exécution des articles 1, 2 et 3 qui précèdent. — L'article 43 de la même loi est applicable aux contributions extraordinaires et aux emprunts votés par les conseils municipaux, en exécution des articles 3 et 5.

7. Toute contribution extraordinaire, dépassant le maximum fixé par le conseil général et tout emprunt remboursable sur ressources extraordinaires dans un délai excédant douze années, sont autorisés par décret impérial. — Le décret est

rendu en conseil d'Etat, s'il s'agit d'une commune ayant un revenu supérieur à cent mille francs. — Il est statué par une loi, si la somme à emprunter dépasse un million, ou si ladite somme, réunie au chiffre d'autres emprunts non encore remboursés, dépasse un million.

8. L'établissement des taxes d'octroi votées par les conseils municipaux, ainsi que les règlements relatifs à leur perception, sont autorisés par décrets impériaux rendus sur l'avis du conseil d'Etat. — Il en sera de même en ce qui concerne : — 1º Les modifications aux règlements ou aux périmètres existants ; — 2º L'assujettissement à la taxe d'objets non encore imposés dans le tarif local ; — 3º L'établissement ou le renouvellement d'une taxe sur des objets non compris dans le tarif général indiqué ci-après ; — 4º L'établissement ou le renouvellement d'une taxe excédant le maximum fixé par ledit tarif général.

9. Sont exécutoires, dans les conditions déterminées par l'art. 18 de la loi du 18 juillet 1837, les délibérations prises par les conseils municipaux, concernant : 1º La suppression ou la diminution des taxes d'octroi ; — 2º La prorogation des taxes principales d'octroi pour cinq ans au plus ; — 3º L'augmentation des taxes jusqu'à concurrence d'un décime pour cinq au plus. — Sous le condition toutefois qu'aucune des taxes ainsi maintenues ou modifiées n'excédera le maximum déterminé dans un tarif général qui sera établi, après avis des conseils généraux, par un règlement d'administration publique, ou qu'aucune desdites

taxes ne portera sur des objets non compris dans ce tarif. — En cas de désaccord entre le maire et le conseil municipal, la délibération ne sera exécutoire qu'après approbation du préfet.

10. Sont exécutoires, sur l'approbation du préfet, lesdites délibérations ayant pour but : La prorogation des taxes additionnelles actuellement existantes ; — L'augmentation des taxes principales au delà d'un décime ; — Dans les limites du maximum des droits et de la nomenclature des objets fixés par le tarif général.

11. Les conseils municipaux délibèrent sur l'établissement des marchés d'approvisionnement dans leur commune. — Le § 3 de l'article 6 et le § 3 de l'article 41 de la loi du 10 mai 1838 sont abrogés en ce qui concerne lesdits marchés.

12. Les délibérations des commissions administratives des hospices, hôpitaux et autres établissements charitables communaux, concernant un emprunt, sont exécutoires en vertu d'un arrêté du préfet, sur avis conforme du conseil municipal, lorsque la somme à emprunter ne dépasse pas le chiffre des revenus ordinaires de l'établissement et que le remboursement doit être effectué dans un délai de douze années. — Si la somme à emprunter dépasse ledit chiffre, ou si le délai de remboursement est supérieur à douze années, l'emprunt ne peut être autorisé que par un décret de l'Empereur. — Le décret d'autorisation est rendu dans la forme des règlements d'administration publique, si l'avis du conseil municipal est

contraire ou s'il s'agit d'un établissement ayant plus de cent mille francs de revenus. — L'emprunt ne peut être autorisé que par une loi, lorsque la somme à emprunter dépasse cinq cent mille francs, ou lorsque ladite somme, réunie au chiffre d'autres emprunts non encore remboursés, dépasse cinq cent mille francs.

13. Les changements dans la circonscription territoriale des communes faisant partie du même canton sont définitivement approuvés par les préfets, après accomplissement des formalités prévues au titre 1er de la loi du 18 juillet 1837, en cas de consentement des conseils municipaux et sur avis conforme du conseil général. — Si l'avis du conseil général est contraire, ou si les changements proposés dans les circonscriptions communales modifient la composition d'un département, d'un arrondissement ou d'un canton, il est statué par une loi. — Tous autres changements dans la circonscription territoriale des communes sont autorisés par des décrets rendus dans la forme des réglements d'administration publique.

14. La création des bureaux de bienfaisance est autorisée par les préfets, sur l'avis des conseils municipaux.

TITRE II. — DISPOSITION CONCERNANT LES VILLE AYANT TROIS MILLIONS DE REVENUS.

15. Les budgets des villes et des établissements de bienfaisance ayant trois millions au moins de

revenus sont soumis à l'approbation de l'empereur, sur la proposition du ministre de l'Intérieur.

16. Les traités à passer pour l'exécution, par
entreprises, des travaux d'ouverture des nouvelles
voies publiques et de tous autres travaux communaux déclarés d'utilité publique, dans lesdites
villes, sont approuvés par décrets rendus en conseil d'État. — Il en est de même des traités portant
concession, à titre exclusif ou pour une durée de
plus de trente années, des grands services municipaux desdites villes, ainsi que des tarifs et traités
relatifs aux pompes funèbres.

17. Les dispositions de la présente loi et celles
de la loi du 18 juillet 1837 et du décret du 25 mars
1852, qui sont encore en vigueur, sont applicables
à l'administration de la ville de Paris et de la ville
de Lyon.—Les délibérations prises par les conseils
municipaux desdites villes, sur les objets énumérés
dans les articles 1er et 9 de la présente loi, ne sont
exécutoires, en cas de désaccord entre le préfet et
le conseil municipal, qu'en vertu d'une approbation donnée par décret impérial. — Aucune imposition extraordinaire ne peut être établie dans
ces villes, aucun emprunt ne peut être contracté
par elles, sans qu'elles y soient autorisées par une
loi. — Il n'est pas dérogé aux dispositions spéciales
concernant l'organisation des administrations de
l'assistance publique, du mont-de-piété et de l'octroi de Paris.

TITRE III.— RENOUVELLEMENT DES CONSEILS MUNICIPAUX.

18. A l'avenir, les conseils municipaux seront élus pour sept ans (1).

TITRE IV. — DISPOSITIONS DIVERSES.

19. *Dans le cas où une commune sera divisée en sections pour l'élection des conseillers munici- paux, conformément à l'article 7 de la loi du 5 mai 1855, la réunion des électeurs ne pourra avoir lieu avant le dixième jour, à compter de l'arrêté du préfet* (2).

20. Les gardes-champêtres sont chargés de re- chercher, chacun dans le territoire pour lequel il est assermenté, les contraventions aux règlements de police municipale. Ils dressent des procès-ver- baux pour constater ces contraventions.

21. Nul ne peut être maire ou adjoint dans une commune et conseiller municipal dans une autre commune.

22. La commission nommée en cas de dissolution d'un conseil municipal, conformément à l'article 13 de la loi du 5 mai 1855, peut être maintenue en fonctions pendant trois ans.

23. L'article 50 de la loi du 5 mai 1855 est abrogé. — Toutefois, dans les villes chefs-lieux

(1) V. L. 14 avril 1871 — art. 8.
La durée du mandat des conseillers municipaux n'a pas été encore déterminée.
(2) V. L. 14 avril 1871 — art. 3.

de département ayant plus de quarante mille
âmes de population, l'organisation du personnel
chargé des services de la police est réglé, sur l'avis
du conseil municipal, par un décret impérial, le
conseil d'État entendu. — Les inspecteurs de police, les brigadiers, sous-brigadiers et agents de
police sont nommés par le préfet sur la présentation du maire. — Si un conseil municipal n'allouait pas les fonds exigés pour la dépense, ou
n'allouait qu'une somme insuffisante, l'allocation
nécessaire serait inscrite au budget par décret
impérial, le conseil d'État entendu.

24. Toutes les dispositions des lois antérieures
demeurent abrogées en ce qu'elles ont de contraire
à la présente loi.

LOI DU 14 AVRIL 1871

Sur les Conseils municipaux.

Art. 1ᵉʳ. Immédiatement après la publication
de la présente loi, les commissions municipales,
les présidents de commissions municipales, les
maires et les adjoints en exercice et choisis en
dehors du conseil municipal, cesseront leurs
fonctions provisoirement, et jusqu'à l'installation des nouveaux conseillers municipaux, les
fonctions de maires, d'adjoints et de présidents
des bureaux électoraux dans les communes ad-
ministrées par des commissions municipales, ou
par des maires et adjoints pris en dehors du
conseil municipal, seront remplies par les mem-

bres des derniers conseils municipaux élus, en suivant l'ordre d'inscription sur le tableau.

Seront considérés comme derniers conseils municipaux élus ceux qui ont été nommés à l'élection le 25 septembre 1870 ou depuis, et qui seront encore en exercice au moment de la publication de la présente loi.

2. Dans le plus bref délai, après la promulgation de la présente loi, le gouvernement convoquera les électeurs dans toutes les communes pour procéder au renouvellement intégral des conseils municipaux.

3. Les élections auront lieu au scrutin de liste pour toute la commune. Néanmoins, la commune pourra être divisée en sections dont chacune élira un nombre de conseillers proportionné au chiffre de la population.

En aucun cas, ce fractionnement ne pourra être fait de manière qu'une section ait à élire moins de deux conseillers. Le fractionnement sera fait par le conseil général, sur l'initiative soit du préfet, soit d'un membre du conseil général, ou enfin du conseil municipal de la commune intéressée. Chaque année, dans sa session ordinaire, le conseil général procédera, par un travail d'ensemble comprenant toutes les communes du département, à la révision des sections, et en dressera un tableau qui sera permanent pour les élections municipales à faire dans l'année. En attendant qu'il ait été procédé à la réélection des conseils généraux, la division en sections sera faite par arrêtés du préfet.

4. Sont électeurs tous les citoyens français âgés de 21 ans accomplis, jouissant de leurs droits civils et politiques, n'étant dans aucun cas d'incapacité prévue par la loi, et de plus ayant, depuis une année au moins, leur domicile réel dans la commune (1).

Sont éligibles au conseil municipal d'une commune tous les électeurs âgés de 25 ans, réunissant les conditions prévues par le paragraphe précédent, sauf les cas d'incapacité et d'incompatibilité prévus par les lois en vigueur et l'art. 5 de la présente loi.

Toutefois, il pourra être nommé au conseil municipal d'une commune, sans la condition de domicile, un quart des membres qui le composeront, à la condition, par les élus non domiciliés, de payer dans ladite commune une des quatre contributions directes.

5. Ne peuvent être élus membres des conseils municipaux : 1° les juges de paix titulaires dans les cantons où ils exercent leurs fonctions ; 2° les membres amovibles des tribunaux de première instance dans les communes de leur arrondissement.

6. Dans les trois jours qui suivront la publication de la présente loi, les listes spéciales aux élections municipales seront dressées dans toutes les communes.

Les réclamations seront reçues pendant trois jours après l'expiration du délai précédent et

(1) V. l.. 7 juillet 1874. — art. 1.

jugées dans les trois jours qui suivront, par une commission composée de trois conseillers, en suivant l'ordre d'inscription sur le tableau, sauf l'appel au juge de paix, et le pouvoir en cassation, qui suivront leur cours sans que les opérations électorales puissent être retardées.

7. Dans toutes les communes, quelle que soit leur population, le scrutin ne durera qu'un jour.— Il sera ouvert et clos le dimanche. Le dépouillement sera fait immédiatement.

8. Les conseils municipaux nommés resteront en fonctions jusqu'à la promulgation de la loi organique sur les municipalités. Néanmoins, la durée de ces fonctions ne pourra excéder trois ans. Dans l'intervalle, on ne procédera à de nouvelles élections que si le nombre des conseillers avait été réduit de plus d'un quart.

Toutefois, dans les communes divisées en sections ou arrondissements, il y aura lieu à faire des élections partielles toutes les fois que, par suite des décès ou perte des droits politiques, la section n'aurait plus aucun représentant dans le conseil.

9. Le conseil municipal élira le maire et les adjoints parmi ses membres, au scrutin secret et à la majorité absolue Si, après deux scrutins, aucun candidat n'a obtenu la majorité, il sera procédé à un tour de ballottage entre les deux candidats qui ont obtenu le plus de suffrages. En cas d'égalité de suffrages, le plus âgé sera nommé.

Les maires et les adjoints ainsi nommés seront révocables par décret.

Les maires et les adjoints destitués ne seront pas rééligibles pendant une année.

La nomination des maires et des adjoints aura lieu provisoirement, par décret du gouvernement, *dans les villes de plus de 20,000 âmes*, et dans les chefs-lieux de département et d'arrondissement, quelle qu'en soit la population. Les maires seront pris dans le conseil municipal (1).

Avant de procéder à la nomination des maires, il sera pourvu aux vacances existant dans le conseil municipal.

10. Les vingt arrondissements de la ville de Paris nomment chacun quatre membres du conseil municipal.

Ces quatre membres seront élus, par scrutin individuel, à la majorité absolue, à raison d'un membre par quartier.

11. Le conseil municipal de Paris tiendra, comme les conseils des autres communes, quatre sessions ordinaires, dont la durée ne pourra pas excéder dix jours, sauf la session ordinaire, où le budget ordinaire sera discuté, et qui pourra durer six semaines.

12. Au commencement de chaque session ordinaire, le conseil nommera au scrutin secret et à la majorité son président, ses vice-présidents et ses secrétaires. Pour les sessions extraordinaires qui

(1) V. L. 20 janvier 1874, abrogée par la loi du 12 août 1876 qui reproduit cet article.

seront tenues dans l'intervalle, on maintiendra le bureau de la dernière session ordinaire.

13. Le préfet de la Seine et le préfet de police ont entrée au conseil.

Ils sont entendus toutes les fois qu'ils le demandent.

14. Le conseil municipal de Paris ne pourra s'occuper, à peine de nullité de ses délibérations, que des matières d'administration communale telles qu'elles sont déterminées par les lois en vigueur sur les attributions municipales.

En cas d'infraction, l'annulation sera prononcée par décret du chef du pouvoir exécutif.

15. Les incapacités et incompatibilités établies par l'art. 22 de la loi du 22 juin 1833, sur les conseils généraux, sont applicables aux conseillers municipaux de Paris, indépendamment de celles qui sont établies par la loi en vigueur sur l'organisation municipale.

16. Il y a un maire et trois adjoints pour chacun des vingt arrondissements de Paris. Ils sont choisis par le chef du pouvoir exécutif de la République. Les maires d'arrondissement n'auront d'autres attributions que celles qui leur sont expressément conférées par les lois spéciales.

17. Il y a incompatibilité entre les fonctions de maire ou d'adjoint d'arrondissement et celles de conseiller municipal de la ville de Paris.

18. Provisoirement, en attendant que l'Assemblée nationale ait statué sur ces matières, conti-

nueront à être observées les lois actuellement en vigueur sur l'organisation et les attributions municipales dans celles de leurs dispositions qui ne sont pas contraires à la présente loi.

19. Les fonctions de maire, d'adjoint et conseillers municipaux sont essentiellement gratuites.

20. Les décrets des 27 décembre 1866 et 6 janvier 1867 restent en vigueur pour l'Algérie.

Loi du 28 janvier 1875 (abrogée).

LOI DU 7 JUILLET 1874
Relative à l'Électorat municipal.

Art. 1er. A partir de la promulgation de la présente loi, une liste électorale relative aux élections municipales sera dressée dans chaque commune par une commission composée du maire, d'un délégué de l'administration désigné par le préfet, et d'un délégué choisi par le conseil municipal. — Dans les communes qui auront été divisées en sections électorales, la liste sera dressée dans chaque section par une commission composée : 1° du maire ou adjoint, ou d'un conseiller municipal dans l'ordre du tableau; 2° d'un délégué de l'administration, désigné par le préfet; 3° d'un délégué choisi par le conseil municipal. — Lorsque la commune est divisée en plusieurs cantons, le sectionnement devra être opéré de telle sorte qu'une section électorale ne puisse comprendre des portions de territoires appartenant à plusieurs cantons. — A Paris et à Lyon, la liste sera dressée, dans chaque quartier ou section, par une commission composée du maire de l'arrondissement ou d'un adjoint délégué, du conseiller municipal élu dans le quartier ou la section, et d'un électeur désigné par le préfet du département. — Il sera dressé, en outre, d'après les listes spéciales à chaque section ou quartier, une liste générale des électeurs de la commune, par ordre alphabétique. A Paris et à Lyon, cette liste générale sera dressée par arrondissement. .

2. Les listes seront déposées au secrétariat de la mairie. communiquées et publiées conformément à l'article 2 du décret règlementaire du 2 février 1852.— Les demandes en inscription ou en radiation devront être formées dans le délai de vingt jours, à partir de la publication des listes; elles seront soumises aux commissions indiquées dans l'article 1er auxquelles seront adjoints deux autres délégués du conseil municipal. — A Paris et à Lyon, deux électeurs domiciliés dans le quartier ou la section, et nommés, avant tout travail de révision, par la commission instituée en l'article 1er, seront adjoints à cette commission.

3. L'appel des décisions de ces commissions sera porté devant le juge de paix, qui statuera conformément aux dispositions du décret organique du 2 février 1852.

4. L'électeur qui aura été l'objet d'une radiation d'office de la part des commissions désignées à

l'article 1er, ou dont l'inscription aura été contestée devant lesdites commissions, sera averti sans frais par le maire et pourra présenter ses observations. —Notification de la décision des commissions sera, dans les trois jours, faite aux parties intéressées, par écrit et à domicile, par les soins de l'administration municipale; elles pourront interjeter appel dans les cinq jours de la notification. — Les listes électorales seront réunies en un registre et conservées dans les archives de la commune. — Tout électeur pourra prendre communication et copie de la liste électorale.

5. Sont inscrits sur la liste des électeurs municipaux tous les citoyens âgés de vingt-et-un ans, jouissant de leurs droits civils et politiques, et n'étant dans aucun des cas d'incapacité prévus par la loi : — 1º qui sont nés dans la commune ou y ont satisfait à la loi de recrutement, et, s'ils n'y ont pas conservé leur résidence, sont venus s'y établir de nouveau depuis six mois au moins; — 2º qui même n'étant pas nés dans la commune, y auront été inscrits depuis un an au rôle d'une des quatre contributions directes ou au rôle des prestations en nature, et, s'ils ne résident pas dans la commune, auront déclaré vouloir y exercer leurs droits électoraux. Seront également inscrits, aux termes du présent paragraphe, les membres de la famille des mêmes électeurs compris dans la cote de la prestation en nature, alors même qu'ils n'y sont pas personnellement portés, et les habitants qui, en raison de leur âge ou de leur santé, auront cessé d'être soumis à cet impôt; — 3º qui se sont

mariés dans la commune, et justifieront qu'ils y résident depuis un an au moins ; — 4º qui, ne se trouvant pas dans un des cas ci-dessus, demanderont à être inscrits sur la liste électorale, et justifieront d'une résidence de deux années consécutives dans la commune. — Ils devront déclarer le lieu et la date de leur naissance. — Tout électeur inscrit sur la liste électorale pourra réclamer la radiation ou l'inscription d'un individu omis ou indûment inscrit ; — 5º qui, en vertu de l'article 2 du traité de paix du 10 août 1871, ont opté pour la nationalité française et déclaré fixer leur résidence dans la commune conformément à la loi du 19 juin 1871 ; — 6º qui sont assujettis à une résidence obligatoire dans la commune en qualité, soit de ministre des cultes reconnus par l'État, soit de fonctionnaires publics.

Seront également inscrits les citoyens qui, ne remplissant pas les conditions d'âge et de résidence ci - dessus exigées lors de la formation des listes, les rempliront avant la clôture définitive.

L'absence de la commune résultant du service militaire ne portera aucune atteinte aux règles ci-dessus édictées pour l'inscription sur les listes électorales.

8. Ceux qui, à l'aide de déclarations frauduleuses ou de faux certificats, se seront fait inscrire ou auront tenté de se faire inscrire indûment sur une liste électorale ; ceux qui, à l'aide des mêmes moyens, auront fait inscrire ou rayer, tenté de faire inscrire ou rayer indûment un citoyen, et les

complices de ces délits, seront passibles d'un emprisonnement de six jours à un an, et d'une amende de 50 à 500 francs.

Les coupables pourront, en outre, être privés pendant deux ans de l'exercice de leurs droits civiques. L'article 463 du Code pénal est dans tous les cas applicable.

7. Les dispositions des lois antérieures ne sont abrogées qu'en ce qu'elles ont de contraire à la présente loi.

LOI DU 12 AOUT 1876

Relative à la nomination des Maires et Adjoints

---

1. Les art. 1 et 2 de la loi du 20 janvier 1874 sont abrogés (1).

2. Provisoirement, et jusqu'au vote de la loi organique municipale, il sera procédé à la nomination des maires et adjoints conformément aux règles suivantes.

Le conseil municipal élit le maire et les adjoints parmi ses membres au scrutin secret, et à la majorité absolue.

Si, après deux scrutins, aucun des candidats n'a obtenu la majorité, il est procédé à un scrutin de ballottage entre les deux candidats qui ont obtenu le plus de suffrages. En cas d'égalité de suffrages, le plus âgé est nommé.

(1) Sauf en ce qui touche les dispositions que nous avons données en caractères romains et qui sont restées en vigueur.

La séance dans laquelle il est procédé à l'élection du maire est présidée par le plus âgé des membres du conseil.

Dans les communes, chefs-lieux de département, d'arrondissement ou de canton, les maires et adjoints sont nommés parmi les membres du conseil municipal, par décret du président de la République.

Art. 3. — La présente loi est applicable à l'Algérie, sous réserve des dispositions du décret du 27 fév. 1866, relativement à la nomination des adjoints indigènes musulmans.

LOI ORGANIQUE DU 2 AOUT 1875

Sur les Élections des Sénateurs.

ART. 1ᵉʳ. Un décret du Président de la République, rendu au moins six semaines à l'avance, fixe le jour où doivent avoir lieu les élections pour le Sénat, et en même temps celui où doivent être choisis les délégués des conseils municipaux. Il doit y avoir un intervalle d'un mois au moins entre le choix des délégués et l'élection des sénateurs.

2. Chaque conseil municipal élit un délégué. L'élection se fait sans débat, au scrutin secret, à la majorité absolue des suffrages. Après deux tours de scrutin, la majorité suffit, et, en cas d'égalité de suffrages, le plus âgé est élu. *Si le maire ne fait pas partie du conseil municipal, il présidera,*

mais il ne prendra pas part au vote (¹). Il est procédé le même jour et dans la même forme à l'élection d'un suppléant qui remplace le délégué en cas de refus ou d'empêchement. — Le choix des conseils municipaux ne peut porter ni sur un député, ni sur un conseiller général, ni sur un conseiller d'arrondissement. — Il peut porter sur tous les électeurs de la commune, y compris les conseillers municipaux, sans distinction entre eux.

3. Dans les communes où il existe une commission municipale, le délégué et le suppléant seront nommés par l'ancien conseil.

4. Si le délégué n'a pas été présent à l'élection, notification lui en est faite dans les vingt-quatre heures par les soins du maire. Il doit faire parvenir au préfet, dans les cinq jours, l'avis de son acceptation. En cas de refus ou de silence, il est remplacé par le suppléant qui est alors porté sur la liste comme délégué de la commune.

5. Le procès-verbal de l'élection du délégué et du suppléant est transmis immédiatement au préfet ; il mentionne l'acceptation ou le refus des délégués et suppléants ainsi que les protestations élevées contre la régularité de l'élection par un ou plusieurs membres du conseil municipal. Une copie de ce procès-verbal est affichée à la porte de la mairie.

(1) Aux termes de la loi du 12 août 1876, tous les maires font actuellement partie des conseils municipaux.

0. Un tableau des résultats de l'élection des délégués et suppléants est dressé dans la huitaine par le préfet ; ce tableau est communiqué à tout requérant ; il peut être copié et publié.

Tout électeur a, de même, la faculté de prendre dans les bureaux de la préfecture communication et copie de la liste, par commune, des conseillers municipaux du département, et, dans les bureaux des sous-préfectures, de la liste, par commune, des conseillers municipaux de l'arrondissement.

7. Tout électeur de la commune peut, dans un délai de trois jours, adresser directement au préfet une protestation contre la régularité de l'élection. — Si le préfet estime que les opérations ont été irrégulières, il a le droit d'en demander l'annulation.

8. Les protestations relatives à l'élection du délégué ou du suppléant sont jugées, sauf recours au conseil d'État, par le conseil de préfecture, et dans les colonies, par le conseil privé. — Le délégué dont l'élection est annulée parce qu'il ne remplit pas une des conditions exigées par la loi ou pour vice de forme, est remplacé par le suppléant. — En cas d'annulation de l'élection du délégué et de celle du suppléant, comme au cas de refus ou de décès de l'un et de l'autre après leur acceptation, il est procédé à de nouvelles élections par le conseil municipal au jour fixé par un arrêté du préfet.

9. Huit jours au plus tard avant l'élection des sénateurs, le préfet et, dans les colonies, le direc-

teur de l'intérieur, dresse la liste des électeurs du département par ordre alphabétique. La liste est communiquée à tout requérant et peut être copiée et publiée. Aucun électeur ne peut avoir plus d'un suffrage.

10. Les députés, les membres du conseil général ou des conseils d'arrondissement qui auraient été proclamés par les commissions de recensement, mais dont les pouvoirs n'auraient pas été vérifiés, sont inscrits sur la liste des électeurs, et peuvent prendre part au vote.

11. Dans chacun des trois départements de l'Algérie, le collége électoral se compose : 1º des députés ; 2º des membres citoyens français du conseil général ; 3º des délégués élus par les membres citoyens français de chaque conseil municipal, parmi les électeurs citoyens français de la commune.

12. Le collége électoral est présidé par le Président du tribunal civil du chef-lieu du département ou de la colonie. Le président est assisté des deux plus âgés et des deux plus jeunes électeurs présents à l'ouverture de la séance. Le bureau ainsi composé choisit un secrétaire parmi les électeurs. — Si le président est empêché, il est remplacé par le vice-président, et, à son défaut, par le juge le plus ancien.

13. Le bureau répartit les électeurs par ordre alphabétique en sections de vote, comprenant au moins cent électeurs. Il nomme les présidents et scrutateurs de chacune de ces sections. Il statue

sur toutes les difficultés et contestations qui peuvent s'élever au cours de l'élection, sans pouvoir toutefois s'écarter des décisions rendues en vertu de l'article 8 de la présente loi.

14. Le premier scrutin est ouvert à huit heures du matin, et fermé à midi. Le second est ouvert à deux heures, et fermé à quatre heures. Le troisième, s'il y a lieu, est ouvert à six heures et fermé à huit heures. Les résultats des scrutins sont recensés par le bureau et proclamés le même jour par le président du collége électoral.

15. Nul n'est élu sénateur à l'un des deux premiers tours de scrutin s'il ne réunit : 1° la majorité absolue des suffrages exprimés ; 2° un nombre de voix égal au quart des électeurs inscrits. Au troisième tour de scrutin, la majorité relative suffit, et, en cas d'égalité de suffrages, le plus âgé est élu.

16. Les réunions électorales pour la nomination des sénateurs pourront avoir lieu en se conformant aux règles tracées par la loi du 6 juin 1868, sauf les modifications suivantes : — 1° Ces réunions pourront être tenues depuis le jour de la nomination des délégués jusqu'au jour du vote inclusivement ; — 2° Elles doivent être précédées d'une déclaration faite la veille, au plus tard, par sept électeurs sénatoriaux de l'arrondissement, et indiquant le local, le jour et l'heure où la réunion doit avoir lieu, et les noms, profession et domicile des candidats qui s'y présenteront ; — 3° L'autorité municipale veillera à ce que nul ne s'intro-

duise dans la réunion s'il n'est député, conseiller général, conseiller d'arrondissement, délégué ou candidat. — Le délégué justifiera de sa qualité par un certificat du maire de sa commune, le candidat, par un certificat du fonctionnaire qui aura reçu la déclaration mentionnée au paragraphe précédent.

17. Les délégués qui auront pris part à tous les scrutins recevront, sur les fonds de l'État, s'ils le requièrent, sur la présentation de leur lettre de convocation visée par le président du collége électoral, une indemnité de déplacement qui leur sera payée sur les mêmes bases et de la même manière que celle qui est accordée aux jurés par les articles 35, 90 et suivants du décret du 18 juin 1811. Un règlement d'administration publique déterminera le mode de taxation et de paiement de cette indemnité.

18. Tout délégué qui, sans cause légitime, n'aura pas pris part à tous les scrutins ou qui, étant empêché, n'aura point averti le suppléant en temps utile, sera condamné à une amende de 50 fr. par le Tribunal civil du chef-lieu sur les réquisitions du ministère public. — La même peine peut être appliquée au délégué suppléant qui, averti par lettre, dépêche télégraphique ou avis à lui personnellement délivré en temps utile, n'aura pas pris part aux opérations électorales.

19. Toute tentative de corruption par l'emploi des moyens énoncés dans les articles 177 et suivants du Code pénal, pour influencer le vote d'un électeur ou le déterminer à s'abstenir de voter,

sera punie d'un emprisonnement de trois mois à deux ans, et d'une amende de 50 à 500 fr., ou de l'une de ces deux peines seulement. — L'article 463 du Code pénal est applicable aux peines édictées par le présent article.

DÉCRET DU 26 DÉCEMBRE 1875

FIXANT

l'indemnité à attribuer aux Délégués des Conseils municipaux et le règlement de ces allocations.

Art. 1er. L'indemnité de déplacement alloués aux délégués des conseils municipaux qui auront pris part à tous les scrutins, est fixée à 2 fr. 50 par myriamètre parcouru, tant en allant qu'en revenant.

2. L'indemnité est réglée par myriamètre et demi-myriamètre. Les fractions au-dessus de 7 kilomètres sont comptées pour 1 myriamètre, et celles de 3 à 7 kilomètres, pour un demi-myriamètre. Il n'y a lieu à aucune indemnité lorsque la distance n'atteint pas 3 kilomètres.

3. La distance se compte, quel que soit le domicile du délégué, du chef-lieu de la commune qui l'a élu, au chef-lieu du département.

4. Le décompte se fait d'après le tableau officiel dressé par le préfet, en conformité de l'article 93 du décret du 18 juin 1811. — Des copies

de ce tableau seront déposées au secrétariat général de la préfecture et sur la table du bureau
électoral.

5. Les délégués qui désireront obtenir l'indemnité de déplacement devront en faire la demande
expresse au président du collége électoral, avant
la clôture de la séance. — Ils lui présenteront, à
cet effet, leur lettre de convocation, au dos de laquelle ils déclareront requérir la taxation. — Le
président certifiera sur la même feuille qu'ils ont
participé à tous les scrutins, et le revêtira d'un
exécutoire établissant le décompte de la somme
due. Il fera en même temps dresser par un des as-
sesseurs un bordereau des sommes ainsi mises en
paiement ; ce bordereau, certifié par lui, sera
remis au préfet avec le procès-verbal de l'élection.

6. Au vu de la lettre de convocation revêtue de
l'exécutoire, le paiement de l'indemnité sera fait
entre les mains de l'ayant-droit, soit par le trésorier-payeur général, soit avec son visa, par les
receveurs particuliers et les percepteurs du département. — Les bureaux de la trésorerie générale
resteront ouverts pendant toute la durée du dernier scrutin, et deux heures au moins après la clôture des opérations, afin que les délégués qui
désireraient recevoir leur indemnité le jour même
puissent s'y présenter. Ceux qui préféreraient être
payés dans la commune de leur résidence dépose-
ront leurs lettres de convocation, revêtues de
l'exécutoire du président, entre les mains du receveur particulier ou du percepteur, qui en ac-

quittera le montant après les avoir fait viser par le trésorier-payeur général.

7. Le trésorier-payeur général dressera des états nominatifs où seront compris tous les payements effectués, soit à sa caisse, soit à celle des receveurs particuliers ou des percepteurs. Ces états, certifiés par le trésorier-payeur général, seront transmis au préfet, qui émettra un ou plusieurs mandats collectifs de régularisation sur les crédits qui lui auront été délégués par le ministre de l'intérieur.

LOI DU 1er JUIN 1878

SUR LA CONSTRUCTION DES MAISONS D'ÉCOLE

TITRE PREMIER. — *Des ressources affectées à la construction des bâtiments scolaires.*

Art. 1er. — Une somme de soixante millions de francs (60,000,000 fr.), payable en cinq annuités à partir de 1878, est mise à la disposition du ministre de l'instruction publique, des cultes et des beaux-arts, pour être répartie, à titre de subvention, entre les communes, en vue de l'amélioration ou de la construction de leurs bâtiments scolaires et de l'acquisition des mobiliers scolaires.

Une autre somme de soixante millions de francs (60,000,000 fr.), également payable en cinq annuités, à partir de la même époque, est mise, à titre d'avance, à la disposition des communes dûment autorisées à emprunter pour le même objet.

Art. 2. — Les allocations consenties par le ministre sont indépendantes de celles qui peuvent être accordées aux communes par le conseil général sur les fonds du département.

La quotité de ces dernières doit être fixée au moment où le conseil général est appelé à donner son avis sur les demandes de secours présentées par les communes.

Art. 3. — Les communes qui auront préalablement consenti les sacrifices que comporte leur situation financière, et qui ne seront pas en mesure de couvrir la totalité de la dépense, seront seules admises à la subvention de l'Etat. Elles devront adresser leurs demandes au préfet, qui les instruira conformément aux lois et règlements, et les transmettra ensuite au ministre de l'instruction publique, en y joignant les plans et devis des constructions projetées.

Art. 4. — Lorsque ces plans et devis auront été approuvés par le ministre de l'instruction publique, un arrêté ministériel déterminera la quotité et les époques d'exigibilité de la subvention, en tenant compte, pour ces évaluations, de la situation financière de la commune et de l'étendue des sacrifices qu'elle aura consentis.

Art. 5. — Les subventions allouées aux communes ne leur sont définitivement acquises que sous les conditions ci-après :

1° Production d'un certificat, dont la forme sera déterminée par le ministre de l'instruction publique, et qui devra lui être également transmis,

établissant que la commune a déjà fait emploi de
ses propres ressources pour les bâtiments scolaires,
et que les travaux exécutés sont conformes aux
plans et devis approuvés comme il vient d'être
dit ;

2° Mise à exécution des travaux dans un laps de
temps qui ne pourra excéder deux ans.

Si, à l'expiration de ce délai, la commune n'a pas
rempli les conditions ci-dessus, la subvention sera
considérée comme non avenue.

Dans le cas où le projet serait ultérieurement
repris, le ministre de l'instruction publique devra
statuer à nouveau.

Art. 6. — Toutes les communes admises ou non
à profiter de la subvention de l'État et du département, peuvent être appelées à participer à l'a-
vance de 60 millions indiquée au deuxième paragraphe de l'article 1er.

Les plans et devis de constructions projetées,
doivent, dans les deux cas, être soumis à l'approbation du ministre de l'instruction publique.

Lorsque les demandes d'emprunt auront été reconnues admissibles, les emprunts ne pourront
avoir lieu que s'ils sont autorisés par une loi, un
décret ou un arrêté préfectoral, suivant le cas,
conformément aux lois en vigueur.

TITRE II. — *De la Caisse pour la construction
des écoles.*

Art. 7. — Il est créé sous la garantie de l'Etat,
une caisse spéciale chargée de délivrer aux communes les subventions qui leur auront été accor-

dées conformément aux articles, 1er, 3, 4 et 5, et de leur faire les avances prévues aux articles 1er et 6. Cette caisse, qui prendra le nom de caisse pour la construction des écoles, est administrée par la caisse des dépôts et consignations.

Art 8. — La caisse pour la construction des écoles pourvoira au paiement des subventions et avances ci-dessus stipulées, soit avec des fonds qui seront mis à sa disposition par le Trésor, moyennant un intérêt de trois pour cent (3 p. 100), réglé annuellement, soit avec le produit de la négociation de titres créés et émis dans les conditions du dernier paragraphe de l'article 8 de la loi du 11 juillet 1868 sur les chemins vicinaux.

Art. 9. — Les subventions payées aux communes par la caisse pour la construction des écoles lui seront remboursées, en capital et intérêts, au moyen de quinze annuités de cinq millions de francs (5,000,000 fr.) chacune, à inscrire au budget du Ministère de l'instruction publique, à partir de l'exercice 1878.

Cette dotation sera ordonnancée au profit de la caisse et payée par le Trésor, dans les trois premiers mois de chaque année.

Les crédits nécessaires seront ouverts chaque année par la loi de finances.

En cas d'insuffisance du fonds de dotation et des ressources propres à la caisse, il lui sera tenu compte par le Trésor, tant de ses dépenses complémentaires d'intérêt et d'amortissement que de ses divers frais de gestion.

Art. 10. — Les avances aux communes seront faites pour trente-et-un an au plus. Elles seront remboursées à la caisse pour la construction des écoles au moyen du versement semestriel d'une somme de deux francs cinquante centimes (2 f. 50) par chaque cent francs empruntés.

Ce versement, continué pendant soixante-deux semestres, libérera la commune en intérêts et amortissement.

Des termes de remboursement plus courts pourront être stipulés; dans ce cas, les versements sémestriels devront être calculés de manière à tenir compte à la caisse, en outre de l'amortissement, d'un intérêt fixé à trois pour cent (3 p. 100 l'an).

Art. 11. — Il sera passé, entre la caisse pour la construction des écoles et les communes dûment autorisées à contracter des emprunts, des traités particuliers relatant la quotité et les termes d'exigibilité des avances consenties par la caisse, ainsi que les conditions de remboursement de ces avances.

Art. 12. — Les fonds prêtés à la caisse spéciale par le Trésor ou réalisés au moyen d'obligations, conformément à l'article 8, seront remboursés aux ayants-droit, savoir :

En ce qui concerne les subventions, au moyen des ressources de la dotation stipulée en faveur de la caisse par l'article 9, et dans un délai de quinze ans au plus tard;

En ce qui concerne les fonds employés en avance au moyen des remboursements en capital opérés par les communes, et dans les conditions de temps de ces remboursements, conformément à l'article 10.

Art. 13. — Chaque année, les ministres de l'instruction publique, de l'intérieur et des finances, rendront compte au Président de la République de la distribution des subventions et des avances, de la marche des travaux et des opérations de la caisse pour la construction des écoles, par un rapport qui sera distribué au Sénat et à la Chambre des députés, au commencement de leur session ordinaire.

TITRE III. — *De l'obligation de construire des maisons d'école.*

Art. 14. — Lorsque la création d'une école dans une commune aura été décidée par l'autorité compétente, conformément aux prescriptions des lois des 15 mars 1850 et 10 avril 1867, les frais d'installation, d'acquisition, d'appropriation et de construction des locaux scolaires, et d'acquisition du mobilier scolaire constitueront pour la commune une dépense obligatoire.

La même prescription est applicable aux bâtiments scolaires destinés à deux ou plusieurs communes réunies.

Pour ce dernier cas, le mode de fixation de la part contributive de chaque commune dans la dépense sera déterminé par un règlement spécial.

Art. 15. — A défaut d'un vote du conseil municipal, ou sur son refus, il est pourvu d'office, par arrêté préfectoral et après avis conforme du conseil général, au paiement des frais dont il s'agit, soit par un prélèvement sur les ressources disponibles de la commune, soit par des subventions du département ou de l'État, soit enfin par un emprunt contracté à la caisse spéciale.

Lorsque cet emprunt aura été jugé nécessaire par le préfet et par le conseil général, le maire ou, sur son refus, un délégué spécial nommé en exécution de l'article 15 de la loi du 18 juillet 1837, empruntera à ladite caisse, après y avoir été autorisé, la somme nécessaire.

Il sera alors pourvu au remboursement de l'emprunt au moyen d'une imposition spéciale établie par un décret.

DÉCRET

Relatif à la Caisse des écoles.

Le Président de la République française,

Sur le rapport du ministre de l'instruction publique, des cultes et des beaux-arts;

Vu la loi du 1er juin 1878, portant création d'une caisse pour la construction des écoles;

Considérant qu'il importe d'assurer immédiatement, par voie de règlement, le fonctionnement de la caisse,

Décrète :

Art. 1er. L'instruction des demandes de subventions pour l'amélioration ou la construction de bâtiments scolaires continuera à être régie par le règlement en date du 14 juillet 1858, et par l'instruction du 30 juillet de la même année.

Pour le paiement des subventions, le préfet du département adressera le 1er de chaque mois, au ministre de l'instruction publique, un bordereau présentant le montant des sommes à payer.

Ce bordereau, qui sera établi conformément au modèle n° 1 annexé au présent règlement, sera accompagné des justifications dont la production est prescrite par l'article 5 de la loi. (Modèle n° 2,)

Le ministre de l'instruction publique transmettra, après vérification, les certificats dûment visés à la caisse pour la construction des écoles, laquelle effectuera, à partir du 5 de chaque mois, les paiements correspondant au montant total du bordereau parvenu dans le courant du mois précédent.

Art. 2. Les plans et devis pour la construction ou l'appropriation des bâtiments scolaires devront être dressés avec une exactitude complète avant d'être soumis à l'approbation de l'administration. Les dépenses supplémentaires ayant pour cause des erreurs ou des oublis dans l'estimation primitive des travaux, des modifications ou des additions non autorisées aux plans primitifs, demeureront, en tout cas, à la charge des communes.

Art. 3. Lorsqu'une commune aura encouru pour sa subvention la déchéance prévue en l'article 5 de la loi, et qu'elle aura reçu tout ou partie de cette subvention, le ministre de l'instruction publique en avisera la caisse pour la construction des écoles qui poursuivra le remboursement des sommes à reverser.

Art. 4. Les communes qui voudront obtenir une avance sur le fonds de 60 millions, mentionné au deuxième paragraphe de l'article 1er de la loi, devront recevoir, à cet effet, l'autorisation préalable du ministre de l'instruction publique, qui fixera en même temps le maximum du capital à avancer.

Si la commune qui fait cette demande sollicite en même temps une subvention, aucune décision définitive ne pourra être prise relativement à la subvention, avant la signature du contrat à intervenir, en ce qui concerne l'avance, entre la commune et la caisse pour la construction des écoles.

Lorsque la caisse pour la construction des écoles aura reçu du ministre de l'instruction publique l'avis de l'approbation pour la concession d'une avance, elle invitera la municipalité à se munir de l'autorisation qui lui est nécessaire, conformément aux lois en vigueur. Cette autorisation qui lui sera donnée, s'il y a lieu, sous forme de loi, de décret ou d'arrêté préfectoral, devra viser l'approbation délivrée par le ministre de l'instruction publique.

Art. 5. L'annuité dont le versement doit être effectué à la caisse des dépôts et consignations, en vertu de l'article 9 de la loi, sera ordonnancée chaque année dans les cinq jours qui suivront l'ouverture de chaque exercice.

Art. 6. Dans le cas où une commune voudrait éteindre sa dette vis-à-vis de la caisse pour la construction des écoles, dans un délai inférieur à celui de trente et un ans fixé dans l'article 10 de la loi, elle aurait à acquitter chaque semestre l'intérêt et l'amortissement suivant un tarif indiqué dans le tableau annexé au présent règlement.

Art. 7. Les traités particuliers que la caisse pour la construction des écoles est autorisée à passer avec les communes aux termes de l'article 11 de la loi, devront contenir une clause spéciale en vertu de laquelle il sera établi que si, dans un délai de deux ans, la commune ne s'est pas mise en mesure de faire emploi du produit de son emprunt pour la construction d'une ou de plusieurs écoles, le traité pourra être résilié à la requête du ministre des travaux publics et le remboursement des sommes restant à amortir, immédiatement poursuivi.

Art. 8. En cas de désaccord entre plusieurs communes réunies pour le service de l'instruction primaire, les dépenses d'installation, d'appropriation et de construction des locaux scolaires et celles d'acquisition du mobilier scolaire seront réparties entre les communes par le conseil général, en tenant compte du revenu ordinaire de chacune d'elles, du chiffre de sa population, des avantages particuliers qu'elle en retirerait.

CIRCULAIRES DIVERSES

Du 25 décembre 1877. — Renouvellement des Conseils
municipaux.
Du 14 février 1878. — Abonnement des communes aux
journaux politiques.
Du 16 août 1878. — Construction des Maisons d'école.
D'octobre 1878. — Nomination des Instituteurs.

Circulaire du 25 décembre 1877

SUR LE RENOUVELLEMENT DES CONSEILS MUNICIPAUX

Monsieur le préfet..., Bien que les règles relatives à la forme des opérations électorales soient
familières aux administrations municipales, je
crois devoir les résumer dans la présente circulaire, qui vous servira de guide pour les instructions que vous aurez vous-même à adresser aux
maires de votre département.

Composition du conseil municipal.

Conformément à l'art. 6 de la loi du 5 mai 1855,
le nombre des membres du conseil municipal est
déterminé dans chaque commune par l'importance de la population.

Le nombre des habitants se détermine d'après

le chiffre de la *population municipale totale* constaté par le dernier recensement officiel... (1)

Comme vous le savez, le nombre des membres des conseils est de :

10 dans les communes de 500 habit. et au-dessous.

12	—	501	à	1500	—
16	—	1501	à	2500	—
21	—	2501	à	3500	—
23	—	3501	à	10,000	—
27	—	10,001	à	30,000	—
30	—	30,001	à	40,000	—
32	—	40,001	à	50,000	—
34	—	50,001	à	60,000	—
36	—	60,001	et au-dessus.		

Listes électorales.

Les élections devront être faites sur les nouvelles listes *municipales* dressées en exécution de la loi du 7 juillet 1874 et qui ont été définitivement arrêtées le 31 mars (dernier).

Les seules modifications qui pourront être apportées à ces listes sont celles qui auraient été ordonnées par décision du juge de paix, à la suite de réclamations formées dans les délais légaux. Les maires conservent, en outre, conformément à l'article 8 du décret réglementaire du 2 février 1852, le droit de rayer le nom des électeurs qui seraient décédés ou auraient été privés de leurs droits civils et politiques par jugement ayant force de chose jugée. Un tableau de rectification contenant

(1) Recensement du 21 août 1876 déclaré authentique par le décret du 31 octobre 1877.

les changements que je viens d'indiquer, sera publié
5 jours avant la réunion des électeurs.

Etablissement de sections

Les élections municipales doivent avoir lieu au
scrutin de liste pour toute la commune, à moins
que le conseil général, usant des pouvoirs que lui
confèrent les lois des 14 avril 1871 (art. 3) et 10
août 1871 (art. 43), n'ait divisé certaines communes
en sections en leur attribuant un nombre déterminé de conseillers à élire (1).

Vous vous conformerez, à cet égard, à la décision que le conseil général a dû prendre, soit dans
le cours de sa session d'août dernier, soit pendant
la présente session. Si l'assemblée départementale
n'avait pas encore procédé à la révision annuelle
du tableau des sections, vous l'inviteriez à s'en
occuper d'urgence, afin que sa décision pût être
immédiatement publiée.

Je vous rappelle qu'aux termes de l'art. 1er § 3
de la loi du 7 juillet 1874, le sectionnement doit
être opéré de telle sorte qu'une section électorale
ne puisse comprendre des portions de territoire
appartenant à plusieurs cantons. Si des modifications ont été apportées à l'établissement des sections, telles qu'elles existaient au moment de la
formation des listes électorales municipales, les
maires devront mettre les listes en harmonie avec
les nouvelles sections, en divisant la liste générale
des électeurs en autant de listes particulières qu'il

_____

(1) En ce qui touche la ville de Lyon, V. la loi du 4 avril
1872.

a été créé de sections, sans toutefois qu'ils puissent ajouter ou retrancher le nom d'aucun électeur. Ce travail purement matériel et qui n'altère en rien la composition du corps électoral, sera fait par le maire seul, sans l'assistance d'aucune commission. (Circ. 9 oct. 1874.)

Forme des opérations.

Les bureaux de vote sont présidés, savoir : le premier par le maire, les autres successivement par les adjoints, dans l'ordre de leur nomination, et par les conseillers municipaux dans l'ordre du tableau.

Le président a seul la police de l'assemblée.

Ces assemblées ne peuvent s'occuper d'autres objets que des élections qui leur sont attribuées. Toute discussion, toute délibération leur sont interdites.

Les deux plus âgés et les deux plus jeunes des électeurs présents à l'ouverture de la séance, sachant lire et écrire, remplissent les fonctions de scrutateurs.

Le secrétaire est désigné par le président et les scrutateurs. Dans les délibérations du bureau, il n'a que voix consultative.

Trois membres du bureau, au moins, doivent être présents pendant tout le cours des opérations.

Nul électeur ne peut entrer dans l'assemblée s'il est porteur d'armes quelconques.

Les électeurs sont appelés successivement à voter, par ordre alphabétique.

Ils apportent leurs bulletins préparés en dehors de l'assemblée.

Le papier du bulletin doit être blanc et sans signe extérieur.

A l'appel de son nom, l'électeur remet au président son bulletin fermé.

Le président le dépose dans la boîte du scrutin, laquelle doit, avant le commencement du vote, avoir été fermée à deux serrures, dont les clefs restent, l'une entre les mains du président, l'autre entre les mains du scrutateur le plus âgé.

Le vote de chaque électeur est constaté sur la liste, en regard de son nom, par la signature ou le paraphe de l'un des membres du bureau.

L'appel étant terminé, il est procédé au réappel par ordre alphabétique des électeurs qui n'ont pas voté.

Pendant toute la durée des opérations, une copie de la liste des électeurs, certifiée par le maire, contenant les noms, domicile et qualification de chacun des inscrits, reste déposée sur la table autour de laquelle siége le bureau.

Nul ne peut être admis à voter, s'il n'est inscrit sur cette liste.

Toutefois, seront admis à voter, quoique non inscrits, les électeurs porteurs d'une décision du juge de paix, ordonnant leur inscription, ou d'un arrêt de la cour de cassation, annulant un jugement qui aurait prononcé leur radiation.

Tout électeur inscrit a le droit de prendre part au vote. Néanmoins, ce droit est, suspendu pour les détenus, pour les accusés contumaces, et pour les personnes non interdites, mais retenues en vertu de la loi du 30 juin 1838, dans un établissement public d'aliénés,

Le président du bureau devrait refuser de recevoir le vote de ces électeurs, ainsi que l'a décidé le conseil d'Etat par l'arrêt du 16 août 1866, à l'égard d'un individu légalement détenu.

La situation des militaires, au point de vue électoral, est la même.

Ils ne sont pas privés de la capacité électorale, puisqu'ils doivent être inscrits sur la liste de la commune ou se trouve leur domicile de recrutement ; mais l'exercice du droit de vote est suspendu pour eux tant qu'ils sont présents au corps. (L. 27 juillet 1872, art. 5.)

En conséquence, peuvent seuls voter, parmi les militaires inscrits sur les listes électorales, ceux qui se trouvent dans la commune en résidence libre, ou en non activité, ou qui justifient d'un *congé régulier* ou d'un congé renouvelable.

Ceux là seuls sont considérés comme n'étant pas présents au corps.

Les présidents des bureaux électoraux devraient donc refuser les votes des militaires qui ne rentreraient pas dans une de ces catégories.

Le bureau juge provisoirement les difficultés qui s'élèvent sur les opérations de l'assemblée.

Les décisions sont motivées.

Toutes les réclamations et décisions sont insérées au procès-verbal ; les pièces et bulletins qui s'y rapportent y sont annexées après avoir été paraphées par le bureau.

Durée et clôture du scrutin.

La loi ne fixe pas l'heure d'ouverture et de clôture du scrutin. L'art. 7 de la loi du 14 avril

1871 se borne à déclarer que, dans aucun cas, le scrutin ne peut durer plus d'un jour, et l'article 39 de la loi du 5 mai 1855 qu'il ne peut être clos s'il n'est resté ouvert pendant trois heures, au moins.

Vous pouvez donc laisser aux maires le soin de déterminer, suivant les convenances et usages des des populations, l'heure à laquelle commenceront les opérations ; mais vous leur recommanderez de donner plusieurs jours à l'avance, la plus grande publicité possible à leur arrêté.

Quant à la clôture, il sera nécessaire de la fixer au plus tard à six heures du soir, le dépouillement du scrutin devant suivre immédiatement.

Le président doit constater, au commencement de l'opération, l'heure à laquelle le scrutin est ouvert.

Il constate également l'heure à laquelle il déclare le scrutin clos, et après cette déclaration, aucun vote ne peut être reçu.

Dépouillement du scrutin.

Après la clôture du scrutin, il est procédé au dépouillement de la manière suivante :

La boîte du scrutin est ouverte et le nombre des bulletins vérifié.

Si ce nombre est plus grand ou moindre que celui des votants, il en est fait mention au procès-verbal.

Le bureau désigne, parmi les électeurs présents, un certain nombre de scrutateurs.

Le président et les membres du bureau surveillent l'opération du dépouillement. Ils peuvent y procéder eux-mêmes s'il y a moins de 301 votants.

Les bulletins sont valables, bien qu'ils portent plus ou moins de noms qu'il n'y a de conseillers à élire.

Les derniers noms inscrits au delà de ce nombre ne sont pas comptés.

Les bulletins blancs ou illisibles, ceux qui ne contiennent pas une désignation suffisante ou dans lesquels les votants se font connaître, n'entrent pas en compte dans le résultat du dépouillement, mais ils sont annexés au procès-verbal.

Les bulletins écrits sur papier non blanc entrent en compte pour fixer le nombre des suffrages exprimés, et la majorité absolue, quoiqu'ils ne puissent être attribués au candidat qui y est désigné : mais le bureau devra les annexer au procès-verbal. On procédera de la même mauière à l'égard des bulletins qui porteraient un signe extérieur.

Immédiatement après le dépouillement, le président proclame le résultat du scrutin.

Le procès-verbal des opérations électorales est dressé par le secrétaire; il est signé par lui et les autres membres du bureau. Il doit mentionner, par ordre décroissant, le nombre des suffrages obtenus par les candidats élus. C'est à tort que, dans quelques communes, on se contente d'indiquer le nombre des suffrages obtenus par les candidats élus. Une copie du procès-verbal, également signée par le secrétaire et les membres du bureau, est aussitôt envoyée au préfet par l'intermédiaire du sous-préfet.

Les bulletins, autres que ceux qui doivent être annexés au procès-verbal, sont brûlés devant les électeurs.

Second tour de scrutin.

Nul n'est élu au premier tour de scrutin, s'il n'a réuni : 1° La majorité absolue des suffrages exprimés ; 2° Un nombre de suffrages égal au quart des électeurs inscrits. Au deuxième tour de scrutin, l'élection a lieu à la majorité relative, quel que soit le nombre des votants.

Si plusieurs candidats obtiennent le même nombre de suffrages, l'élection est acquise au plus âgé (1). Les deux tours de scrutin peuvent avoir lieu le même jour.

Dans le cas où le deuxième tour de scrutin ne peut avoir lieu le même jour, l'assemblée est de droit convoquée pour le dimanche suivant.

L'ouverture d'un second scrutin dans la même journée, peut avoir lieu sans inconvénient dans les petites localités, si les électeurs sont prévenus à l'avance ; mais, dans les communes de quelque importance, il est préférable de renvoyer le second tour au dimanche suivant.

Éligibilité.

Sont éligibles au conseil municipal les électeurs municipaux âgés de 25 ans qui, bien que n'étant pas électeurs dans la commune, y paieraient une des quatre contributions directes, à la condition que le nombre de ces derniers ne dépasse pas le quart des membres du conseil. (LL. 14 avril 1871 et 7 juillet 1874).

(1) Le bénéfice de l'âge s'applique non seulement au second tour de scrutin, mais encore au premier tour, lorsque le nombre des candidats ayant obtenu la majorité absolue est supérieur à celui des candidats à élire, et que plusieurs d'entre eux ont le même nombre de suffrages.

Ne peuvent être élus conseillers municipaux :

1° Les comptables de deniers communaux et les agents salariés de la commune ;

2° Les entrepreneurs de services communaux ;

3° Les domestiques attachés à la personne ;

4° Les individus dispensés de subvenir aux charges communales, et ceux qui sont secourus par le bureau de bienfaisance ;

5° Les juges de paix titulaires dans les cantons où ils exercent leurs fonctions ;

6° Les membres amovibles des tribunaux de première instance, dans les communes de leur arrondissement.

Les fonctions de conseiller municipal sont incompatibles avec celles :

1° De préfets, sous-préfets, secrétaires généraux, conseillers de préfecture ;

2° De commissaires et d'agents de police ;

3° De militaires ou employés des armées de terre et de mer en activité de service ;

4° De ministres des divers cultes en activité dans la commune.

Nul ne peut être membre de plusieurs conseils municipaux.

Nul ne peut être maire ou adjoint dans une commune et conseiller municipal dans une autre commune.

Dans les communes de 500 âmes et au-dessus, les parents au degré de père, de fils, de frère et les alliés au même degré ne peuvent être en même temps membres du conseil municipal,

Vous ne perdrez pas de vue qu'il n'appartient

pas au bureau de statuer sur l'égilibilité des candidats; il doit se borner à constater dans son procès-verbal le nombre de voix obtenu par chacun des candidats, en les classant suivant l'ordre des suffrages, et en indiquant ceux qui ont obtenu la majorité exigée par la loi.

Les questions d'éligibilité sont réservées suivant les cas, soit au conseil de préfecture, soit aux tribunaux civils.

Réclamations contre les opérations électorales.

Tout électeur a le droit d'arguer de nullité les opérations de l'assemblée dont il fait partie.

Les réclamations doivent être consignées au procès-verbal, sinon elles doivent être, à peine de nullité, déposées au secrétariat de la mairie, dans le délai de cinq jours, à dater du jour de l'élection. Elles sont immédiatement adressées au préfet par l'intermédiaire du sous-préfet; elles peuvent aussi être directement déposées à la préfecture, ou à la sous-préfecture, dans le même délai de cinq jours.

Il est statué par le conseil de préfecture, sauf recours au conseil d'État.

Si le conseil de préfecture n'a pas statué dans le délai d'un mois, à compter de la réception des pièces à la préfecture, la réclamation est considérée comme rejetée. Les réclamants peuvent se pourvoir au conseil d'État dans le délai de trois mois.

Le préfet, s'il estime que les conditions et les formes légalement prescrites n'ont pas été remplies, peut également, dans le délai de quinze jours, à dater de la réception du procès-verbal, déférer les opérations électorales au conseil de préfecture.

Le recours au conseil d'État contre la décision du conseil de préfecture est ouvert, soit au préfet, soit aux parties intéressées, dans les délais et les formes réglés par l'article précédent.

Dans tous les cas où une réclamation implique la solution préjudicielle d'une question d'État, le conseil de préfecture renvoie les parties à se pourvoir devant les juges compétents, et fixe un délai dans lequel la partie qui aura élevé la question préjudicielle doit justifier de ses diligences.

Frais d'impression.

Les frais d'impression des formules de procès-verbaux et des listes de scrutin sont, de même que les dépenses relatives à la tenue des assemblées électorales, à la charge des communes. (L. 14 août 1850.)

Les frais d'impression des cartes électorales étaient autrefois rangés au nombre des dépenses départementales obligatoires. Mais la loi du 10 août 1871 ne leur a pas maintenu ce caractère, et l'intention du législateur a été désormais de laisser cette dépense à la charge des communes lorsqu'il s'agit d'élections municipales. (V. circ. min. 8 oct. 1871.)

Le ministre de l'intérieur,

DE MARCÈRE.

Circulaire du 14 février 1878

Abonnement des communes aux journaux politiques.

Monsieur le préfet, il a été constaté qu'un certain nombre de maires étaient abonnés, sur les fonds communaux, à divers journaux politiques. Cette dépense ne pouvant être considérée comme ayant un caractère d'utilité communale, dans le sens administratif que la loi a voulu donner à cette expression, ne doit pas figurer aux budgets, et l'interdiction formulée dans l'art. 2 de la loi du 24 juillet 1867 n'est pas applicable dans cette circonstance.

Les dépenses facultatives auxquelles cet article fait allusion doivent s'entendre exclusivement de celles dont les services communaux ou les habitants eux-mêmes peuvent profiter, et les abonnements à des publications consacrées à des objets autres que les actes officiels, la législation et l'administration, ne sont pas dans ce cas. Vous devrez donc, Monsieur le préfet, refuser d'admettre cette espèce de dépense dans les budgets soumis à votre approbation.

Le ministre de l'intérieur,

DE MARCÈRE.

Circulaire du 16 août 1878

SUR LA CONSTRUCTION DES MAISONS D'ÉCOLE.

Monsieur le préfet, la circulaire du 20 juin 1876 invitait l'autorité départementale à provoquer avec la plus grande énergie la création de maisons d'école dans les communes qui en étaient dépourvues, et à assurer une meilleure appropriation des locaux scolaires partout où le besoin en avait été constaté. Cette même circulaire engageait à mettre en jeu dans ce but l'initiative des municipalités, et le bon vouloir de tous ceux qui considèrent la prospérité du pays comme intimement liée aux progrès de l'instruction primaire.

L'appel adressé par le ministre fut entendu. Des projets de construction et d'approbation de bâtiments d'école furent soumis en grand nombre à l'approbation des conseils généraux dans les sessions qui suivirent la publication de la circulaire du 16 juin. En même temps, des subventions plus larges que par le passé purent être accordées par le ministre de l'instruction publique à toutes les communes dont les ressources étaient manifestement insuffisantes. Ces allocations plus importantes attribuées aux communes furent rendues possibles par l'inscription au budget d'un crédit de 5 millions au lieu de 2 millions qui y figuraient auparavant, et aussi par la décision que prenait le ministre, d'utiliser pour les constructions scolaires les reliqua's disponibles en fin d'exercice sur le chapitre 34 de son budget. Au reste les autorités préfectorale et académique signalaient depuis longtemps la nécessité pour l'État de se montrer plus généreux en matière de secours, dans le but de faciliter l'amélioration du matériel de l'enseignement primaire.

L'enquête approfondie, dirigée en 1876 par les soins des préfets, avait, d'autre part, montré que dans plusieurs de nos départements l'installation des écoles était déplorable, et dans la plupart défectueuse. Il eût fallu un très-longtemps, pour arriver à un progrès sérieux dans cette direction, si l'on n'avait pu disposer que du crédit de 5 millions récemment inscrit au budget de l'instruction primaire. Une situation tolérable n'eût été obtenue que dans un avenir fort éloigné. C'est pour se trouver en mesure d'atteindre plus sûrement et plus promptement le but, que le ministre de l'instruction publique, d'accord avec ses collègues de l'intérieur et de finances, soumit aux délibérations des Chambres, le 1er mars 1877, un projet de loi portant création d'une caisse pour la construction des maisons d'école. Ce projet, que je me suis empressé de reprendre, dès mon arrivée au ministère, a été voté à l'unanimité par les pouvoirs publics.

La loi promulguée le 1er juin dernier, doit être mise à exécution immédiatement. Pour en régler l'application, j'ai l'honneur de vous adresser le règlement ci-joint.....

TITRE I.— *Des ressources affectées à la construction des bâtiments scolaires.*

Des dispositions essentielles dominent la loi nouvelle : 1° Une somme de 60 millions est mise à

la disposition du ministre de l'instruction publique, pour être répartie, sous forme de subventions, dans un laps de cinq années, entre les communes qui ne pourraient créer toutes les ressources
nécessaires à l'installation matérielle de leur service scolaire : 2° Une autre somme de 60 millions
est mise, à titre d'avance, et dans le même intervalle de temps, à la disposition des communes autorisées à emprunter pour le même objet.

Occupons-nous d'abord de la première sorte de
ressources. Les 12 millions que le ministre est
chargé de répartir chaque année à titre de subvention aux communes, ont une destination bien
précise. Ils sont exclusivement destinés à venir en
aide aux municipalités qui, pour réaliser leurs
projets de constructions, auront disposé de toutes
les ressources que permet de créer leur situation
financière.

Il est indispensable, Monsieur le Préfet, en premier lieu, de dissiper cette idée fausse qui a été, sans
aucune raison admissible, trop souvent reproduite
dans ces dernières années, à savoir que l'État donne,
sous forme de subvention, à une commune, une
fraction déterminée de la valeur totale, le tiers, le
quart, etc. Il n'y a dans cette opinion rien de fondé.
Ce serait même une injustice criante que d'adopter
un tel principe. La subvention de l'État doit être
essentiellement variable, quant à sa quotité absolue et aussi quant au rapport à établir entre cette
quotité et le chiffre de la dépense totale L'État
donne beaucoup aux communes qui ont peu ; il
donne peu aux communes qui ont beaucoup ; il ne
donne rien à celles qui, à raison de leur situation

financière et des ressources dont elles disposent, peuvent et doivent se suffire à elles-mêmes. Il est telle commune qui, par la faiblesse de son centime, par la grandeur des charges qu'elle supporte annuellement, par la modicité ou même la nullité de ses revenus, se trouve dans l'impossibilité évidente de consentir un sacrifice important. A cette commune, nous n'avons le droit de demander qu'une manifestation de sa bonne volonté ; elle donnera un dixième, un vingtième de la dépense, encore moins s'il le faut, et l'État sera dans l'obligation de lui donner le reste. Telle autre commune, au contraire, a des revenus considérables, des rentes sur l'État, des biens communaux, un octroi élevé ; elle peut par conséquent engager impunément son crédit, pour un assez grand nombre d'années. Sa situation fût-elle momentanément obérée, cette commune est assurément en mesure de pourvoir à tous les besoins que nécessite une bonne installation de ses maisons d'école; l'État ne lui doit rien, tout au plus un encouragement... C'est par voie de secours, et quand le besoin en est parfaitement constaté qu'interviennent le département et l'État.

J'ajouterai, monsieur le préfet, qu'il convient que les communes qui ne sont pas encore dotées de bâtiments scolaires, réservent dans les charges qu'elles s'imposent, en vue d'autres services, une part de leurs ressources pour l'installation de l'école : autrement, elles s'exposeraient à voir ajourner à une époque éloignée des améliorations dont elles auraient reconnu l'opportunité. Il ne suffirait pas, en effet, qu'une commune eût engagé la la totalité de ses ressources, pendant un certain laps de temps, pour que l'État se substituât à elle dans le paiement d'une dépense qui intéresse la population à un si haut degré et dont la loi lui fait une obligation ; il importe de prévenir soit un calcul erroné, soit une imprévoyance regrettable.

L'administration supérieure a dû, pour les motifs que je viens d'avoir l'honneur de vous exposer, s'attribuer l'appréciation de la mesure dans laquelle les communes pourront compter sur le concours de l'Etat.

Il est, en outre, un point important sur lequel je dois, monsieur le préfet, appeler tout particulièrement votre attention : dans certains cas, les devis de construction qui me sont transmis sont dressés avec une incontestable exagération. On grossit la dépense à plaisir, dans l'espoir d'obtenir une plus grosse subvention. D'autres fois, au contraire, on néglige, de parti pris, dans les plans et devis, certaines constructions accessoires qu'on est cependant dans l'intention de réaliser immédiatement ; on arrive ainsi à diminuer la dépense, à ne demander à l'État qu'une subvention tellement modique qu'elle est accordée intégralement. Qu'arrive-t-il ? Un peu plus tard, est soumise au ministère une demande de secours supplémentaire plus importante quelquefois que le secours précédemment alloué, et cela à propos de travaux soidisant imprévus et de modifications qui ont été décidés en cours de construction. L'État qui se croyait quitte à l'égard de cette commune, se trouve inopinément en présence de travaux exécutés que la commune est dans l'impossibilité de solder, en présence de dettes contractées envers l'entrepreneur, et cela au moment où la commune ne saurait tenter un effort nouveau ; en un mot, on met l'Etat en face du fait accompli : on lui impose la nécessité d'une subvention nouvelle qu'il n'avait aucune raison de prévoir.

Faites savoir aux municipalités, monsieur le préfet, que, désormais, les plans et devis devront être dressés avec une scrupuleuse exactitude; qu'il ne faut, en cette matière, ni exagération, ni amoindrissement. L'administration sera toujours moins bien disposée à l'égard d'une commune qui cherche à l'induire en erreur, tant au point de vue du chiffre de la dépense projetée que de l'importance des ressources communales ; elle se montrera naturellement plus généreuse pour les communes qui auront fait le possible et qui exposeront leur situation telle quelle en toute vérité. Vous préviendrez les maires que dans les décisions prises au sujet des demandes de secours, le ministre ne fera entrer en ligne de compte que les dépenses relatives aux constructions scolaires proprement dites. Nous ne nous opposons point à ce qu'une municipalité cherche à placer sous le même couvert, en même temps que son école, sa mairie, sa justice de paix, etc. Il y a là une raison d'économie à laquelle il faut sans doute avoir égard. Mais l'administration de l'instruction publique n'a nullement le droit de contribuer, pour une part quelconque, aux dépenses qui se rapportent à des services étrangers à l'instruction primaire. Vous veillerez donc, monsieur le préfet, à ce que, dans les devis adressés au ministère, une ventilation soit toujours opérée, laquelle permette d'apprécier exactement la part de dépense afférente à l'école et celle qui s'applique aux autres services municipaux.

Les demandes de subventions seront d'ailleurs soumises à l'instruction actuellement en vigueur (Règlements du 14 juillet 1858 et du 30 juillet 1858). Il sera nécessaire de recommander aux autorités locales qu'elles aient le soin de comprendre dans le montant de la dépense les intérêts de l'emprunt, les frais d'actes et d'enregistrement, les honoraires de l'architecte; elles devront enfin joindre aux pièces à produire à l'appui de leurs demandes (Instruction du 30 juillet 1858) une délibération du conseil municipal faisant connaître l'intention d'emprunter à la caisse, ainsi que les conditions de remboursement.

Un grand nombre de conseils généraux ont, depuis quelques années, voté des crédits d'une importance variable dans le but de venir en aide aux communes pour l'installation de leurs écoles publiques. Il est vivement à désirer que cette intervention des départements se généralise.

L'assemblée départementale est en mesure, sous tous les rapports, d'apprécier les efforts des municipalités et de les encourager. Les secours qu'elle accorde donnent évidemment une importance plus grande aux avis qu'elle doit légalement fournir sur chaque projet. L'article 2 de la loi nouvelle dispose expressément « que la quotité des allocations accordées par le conseil général doit être fixée au moment même où le conseil donne son avis sur les demandes qui lui sont soumises. »

Les allocations de l'État ont surtout ce caractère

de constituer des compléments de ressources pour les communes ; il est donc indispensable que le ministre, avant de statuer, sache au juste quelle est la somme totale qui, par le fait de la commune et du département, est actuellement affectée à la dépense projetée.

L'article 4 dispose que l'arrêté portant concession de subventions sur les fonds de l'Etat indiquera les époques d'exigibilité de payement. Il y a, tout lieu de croire que la subvention pourra être mise à la disposition de la commune dans le courant de l'exercice pendant lequel elle aura été accordée ; ce n'est qu'autant que les secours alloués pendant l'année excéderaient de beaucoup le montant du crédit ouvert par la loi qu'il serait nécessaire de mentionner des époques de paiement. Jusque-là, vous voudrez bien transmettre mensuellement, du 1ᵉʳ au 5, des états de propositions pour l'ordonnancement des secours alloués aux communes.

Vos propositions devront toujours être accompagnées : 1° du certificat prescrit par l'article 3 de l'arrêté du 14 juillet 1858 ; 2° d'une déclaration établissant que, ainsi que l'exige l'article 5 de la présente loi, la commune a fait emploi, de ses propres ressources.

Le gouvernement, se proposant de compléter dans le plus court délai possible l'installation du service scolaire, ne peut admettre pour la réalisation de projets ayant reçu l'approbation ministérielle, des ajournements qu'il serait difficile de justifier. L'administration municipale, en effet, est en mesure de les exécuter immédiatement au moyen de l'emprunt autorisé dont il sera parlé plus loin, des autres ressources locales prévues et du secours accordé par le département et par l'État. Il a paru d'ailleurs que le crédit de l'Etat ne pouvait être engagé au delà de deux années. Ces considérations ont fait limiter à deux ans le délai accordé aux communes pour faire emploi du secours qui leur aura été accordé. Ce laps de temps expiré, le secours est annulé.

Si la commune reprenait ultérieurement le projet ajourné, vous auriez à me transmettre de nouveau le dossier de l'affaire, il serait statué alors sur la demande de subvention reproduite par la commune. Vous voudrez bien ne pas manquer d'insister sur ces dispositions de la loi auprès des autorités municipales.

TITRE II. — *De la caisse pour la construction des écoles.*

En ce qui concerne les demandes d'avances, vous voudrez bien remarquer que ces ressources ne sont pas réservées seulement aux localités pauvres, mais que, dans l'esprit de la loi, elles doivent également profiter aux communes plus aisées dont la situation financière se trouverait momentanément obérée et qui obtiendront ainsi dans des conditions favorables, les fonds nécessaires à la prompte construction des maisons d'école.

Toutes les communes peuvent être appelées à participer aux avances faites par la caisse. Mais, tout d'abord, les plans et devis des constructions projetées seront soumis à mon approbation (art. 6). Vous devez donc, à l'appui des demandes d'avances, me transmettre ces projets ainsi que tous les documents de nature à m'éclairer sur la situation financière de la commune.

Lorsque j'aurai, au vu de ces pièces, reconnu si l'emprunt peut être admis et arrêté en sa quotité, j'aviserai de ma décision la caisse pour la construction des maisons d'école, qui interviendra directement auprès de l'autorité municipale au point de vue des intérêts qui lui sont confiés ; les communes devront lui fournir les garanties que la caisse des dépôts impose d'ordinaire à ses emprunteurs et qui sont déjà connues d'un très-grand nombre de municipalités.

Pour faciliter la tâche qui vous est confiée et vous permettre de répondre aux questions qui pourraient vous être faites, je vais résumer ces conditions aussi brièvement que possible.

Toute demande devra être faite par le maire de la commune et être appuyée ;

1° D'une copie de l'acte d'autorisation (loi, décret ou arrêté préfectoral), suivant les distinctions établies par les articles 3, 5 et 7 de la loi du 24 juillet 1867. Cette pièce visera expressément mon autorisation ;

2° D'une copie des délibérations relatives à l'emprunt prises par le conseil municipal, assisté s'il y a lieu, des plus imposés ;

3° De pièces justificatives à l'appui, suivant la nature des ressources offertes en garantie du prêt.

Les copies des actes d'autorisation seront certifiées conformes par vous ou les sous-préfets sous vos ordres et revêtues du cachet des préfectures ou des sous-préfectures.

Les copies des délibérations des conseils municipaux énonceront le montant de l'emprunt, sa durée et les ressources affectées à l'amortissement. Elles mentionneront le pouvoir donné aux maires de traiter avec la caisse pour la construction des maisons d'école. Elles devront enfin contenir la clause expresse qu'en cas de retard dans l'acquittement de ses engagements, l'emprunteur sera passible envers la caisse d'intérêts moratoires au taux légal de 5 0/0.

Les ressources offertes en garantie des prêts devront être d'une réalisation certaine et, de plus. votées et autorisées pour la durée intégrale de l'amortissement.

Si la caisse pour la construction des écoles juge suffisantes les garanties qui lui sont offertes, un traité particulier sera passé entre elle et la commune intéressée (art. 11). Ce contrat fera connaître la quotité et les termes de remboursement des avances consenties, et contiendra la clause expresse que, si la commune employait les fonds prêtés à un autre usage que celui auquel ils étaient destinés, le traité serait annulé et le montant de l'emprunt immédiatement exigible.

Vous savez que les avances aux communes sont faites pour trente-et-un ans au plus. Elles sont remboursées à la caisse au moyen de versements semestriels d'une somme de 2 fr. 50 c. par chaque 100 francs empruntés. Ce versement, continué pendant soixante-deux semestres, libérera la commune en intérêts et amortissement.

Toutefois, des termes de remboursement plus courts peuvent être stipulés (art. 10). Dans ce cas, les versements semestriels sont calculés de manière à tenir compte à la caisse, outre l'amortissement, d'un intérêt fixé à 3 0/0 l'an.

Je dois enfin vous faire observer que la caisse se réserve de poursuivre, par toutes les voies légales, la rentrée des sommes qui lui sont dues ; elle provoquera notamment l'inscription d'office à titre de dépenses obligatoires, au budget de la commune, des crédits nécessaires au remboursement de ses avances, conformément aux articles 30 § 21, et 39 §§ 1, 2 et 4 de la loi du 18 juillet 1837.

Telles sont, monsieur le préfet, les principales observations que vous ne devez point perdre de vue dans la préparation des emprunts contractés pour la construction des maisons d'école.

J'ajoute qu'au cas où l'emprunt serait contracté en exécution du titre III de la loi, c'est-à-dire par suite d'imposition d'office, la caisse exigerait alors la production des copies de l'arrêté préfectoral et de l'avis du conseil général qui auraient prescrit l'emprunt, une copie du décret établissant l'imposition spéciale destinée au remboursement de l'emprunt, et, s'il y a lieu, une copie de l'arrêté nommant, sur le refus du maire, un délégué spécial.

Outre les avances prévues aux articles 1 et 6 de la loi et les subventions accordées conformément aux articles 1, 3, 4 et 5, la caisse doit encore délivrer aux communes les secours alloués pour achats de mobiliers personnels d'instituteurs et d'institutrices, le crédit relatif à cette dépense étant prélevé, aux termes du décret du 4 septembre 1863, sur le fonds de subvention pour paiement de ce allocations, conformément aux instructions cons tenues dans la circulaire du 1er août 1871.

Quant aux allocations pour mobilier scolaire, vous aurez à m'adresser un certificat de M. l'inspecteur d'académie, constatant que la commune est en possession de ce mobilier, et qu'elle a fait emploi de la somme représentant sa part contributive dans la dépense.

Il est bien entendu que la caisse se charge d'acquitter toutes les subventions concédées avant la promulgation de la loi du 1er juin et qui ne seraient pas atteintes par la prescription quinquennale précédemment établie. Dans un intérêt d'ordre, vos propositions pour le payement de ces subventions devront figurer sur un cadre conforme à celui qui a été employé jusqu'à ce jour. Cependant, les communes qui ont obtenu une subvention de l'État depuis le 1er mars 1877, jour de la présentation de la loi, et qui ont ajourné l'exécution de leur projet, en vue de profiter des avantages que leur assure la caisse, devront figurer sur le cadre indiqué au dernier paragraphe de l'article 4 de la présente instruction.

TITRE III. — *De l'obligation de construire des maisons d'école.*

Les communes ne trouvent pas toujours à prendre à loyer, pour la tenue de la classe, une maison qui présente les conditions indispensables à la bonne installation d'une école, et lorsqu'elles refusent de consentir les sacrifices nécessaires pour une construction spéciale, on ne saurait admettre que les enfants soient exposés à être privés d'instruction. La loi du 1er juin s'est proposée de combler une lacune qui semblait exister à ce sujet dans la législation de l'enseignement primaire. Désormais, toute commune aura le nombre d'écoles publiques reconnu nécessaire, quelles que soient les résistances des autorités locales. Ces résistances se manifestaient plus particulièrement lorsqu'il s'agissait d'établir une école dans une des sections de la commune ; elles n'auront plus leur raison d'être, ou tout au moins elles seront surmontées au moyen des dispositions des articles 14 et 15 de la loi du 1er juin.

Je ne doute pas que dans la plupart des cas, les autorités locales ne finissent par comprendre quels sont leurs véritables intérêts, et je suis convaincu, en tout cas, que vous ne soumettrez de propositions au conseil général pour établir une imposition d'office qu'après avoir épuisé toutes les voies de persuasion ; mais, si vous rencontriez une mauvaise volonté manifeste qui fît obstacle au bien que le législateur a entendu assurer à des populations délaissées jusqu'à ce jour, je compte sur toute votre sollicitude et votre influence pour obtenir du conseil général l'avis conforme sans lequel il ne serait pas possible d'appliquer les dispositions des articles 14 et 15 de la loi. Cet avis obtenu, les demandes de secours et les demandes d'avances seront instruites dans la forme recommandée par la présente instruction.

C'est surtout, monsieur le préfet, dans les communes réunies pour l'entretien d'une école que l'installation se montre souvent le plus défectueuse.

La commune où se tient l'école est peu disposée à s'imposer quelques sacrifices pour des améliorations dont doivent profiter les enfants des communes annexées ; quant à celles-ci, elles s'y refusent absolument, l'immeuble qu'on se propose d'agrandir ou de réparer n'étant pas leur propriété.

L'autorité supérieure ne pouvait tenir compte de considérations de cette nature. Il importe avant tout que chaque enfant des communes réunies trouve sa place à l'école, et que le bâtiment scolaire présente les conditions d'hygiène et de convenances spéciales reconnues indispensables.

Quelle sera la part contributive de chaque commune dans la dépense dont il s'agit ?

On ne saurait prendre pour base le nombre des enfants appartenant à l'une et à l'autre localité, ce nombre variant d'une saison à l'autre, eu égard aux difficultés de parcours et aux habitudes locales. Il a paru qu'il serait plus équitable de fixer la part contributive des communes, en tenant compte des revenus ordinaires de chacune d'elles, du chiffre de sa population et des avantages particuliers qu'elle est appelée à retirer de l'installation projetée d'un bâtiment scolaire. Le conseil général sera tout à fait en mesure d'opérer la répartition dont il s'agit.

Il n'y aura pas lieu pour les affaires de cette nature de demander l'avis du conseil départemental de l'instruction publique, la loi ne contenant aucune prescription à ce sujet.

Circulaire
RELATIVE A LA NOMINATION DES INSTITUTEURS

Monsieur le Préfet, je suis si fréquemment consulté sur la procédure à suivre en matière d'option entre l'enseignement laïque et l'enseignement congréganiste, qu'il m'a paru nécessaire de vous faire connaître mon sentiment à ce sujet d'une manière précise.

Aux termes de l'article 31 de la loi du 15 mars 1850, les conseils municipaux nommaient les instituteurs communaux, et les choisissaient soit sur une liste d'admissibilité et d'avancement dressée par le conseil académique du département, soit sur les présentations faites par les supérieurs pour les membres des associations religieuses vouées à l'enseignement.

Le décret-loi du 9 mars 1852 (art. 4) décida ensuite que les recteurs, par délégation du ministre, nommeraient les instituteurs communaux, *les conseils municipaux entendus*, d'après le mode ci-dessus énoncé, et plus tard, la loi du 14 juin donna aux préfets les attributions déférées aux recteurs, en ce qui touche l'instruction primaire publique ou libre.

Une circulaire du 3 avril 1852, avait expliqué que les mots : « *les conseils municipaux entendus* » devaient être compris en ce sens que ces assemblées seraient mises en demeure de déclarer si elles désiraient que la direction de l'école fût confiée à un maître laïque ou à un instituteur congréganiste.

L'année suivante, une autre circulaire autorisait les recteurs à opérer les déplacements d'instituteurs sans prendre l'avis des conseils municipaux. L'administration adopta depuis lors cette jurisprudence d'après laquelle les conseils municipaux ne seraient nécessairement invités à se prononcer sur l'option que lorsqu'il se produirait une vacance réelle dans la direction de l'école, par suite de démission, révocation ou décès.

Les conseils municipaux, réunis en session régulière, ont toujours le droit, s'ils le jugent à propos, de formuler un avis sur l'option entre congréganistes et laïques.

De ces dispositions on peut donc tirer les conséquences suivantes ; savoir :

1° Que toutes les fois qu'une vacance se produit dans la direction d'une école publique, il est du devoir du préfet de mettre le conseil municipal en demeure de donner son avis sur la catégorie à laquelle le nouveau titulaire appartiendra.

2° Qu'en dehors des cas de vacance, le conseil municipal peut toujours, en session régulière, exprimer un vœu sur la direction des écoles.

3° Que les vœux exprimés dans l'un ou l'autre cas n'engagent nullement la liberté du préfet, qui a le droit et le devoir de choisir les instituteurs dans la catégorie qui lui paraîtra répondre le mieux aux intérêts scolaires et au vœu de la majorité de la population.

Il est bien évident que pour arriver à cette connaissance, vous devez, par tous les moyens en votre pouvoir, rechercher l'influence qu'aura sur le développement de l'instruction primaire dans la commune le choix de l'une ou de l'autre des catégories.

Parmi les moyens d'information dont vous disposez à cet effet, il en est un qui se présente tout naturellement : le conseil départemental de l'instruction publique, dont le concours est toujours si précieux, peut, dans ses réunions périodiques, être appelé par vous à donner son opinion sur les questions d'option, souvent fort délicates.

Il demeure bien entendu, toutefois, que l'intervention de cette assemblée, recommandée par la circulaire du 28 octobre 1871, ne saurait légalement être considérée comme obligatoire. Un arrêté de vous en matière d'option ne pourrait être taxé d'irégularité par ce motif que le conseil départemental n'aurait point été consulté.

J'ajouterai qu'en ce qui touche les conseils municipaux, qu'ils soient, par suite d'une vacance, obligatoirement appelés à se prononcer ou qu'ils usent régulièrement, sans qu'aucune vacance ne se soit produite, du droit de formuler un vœu, vous devez, monsieur le préfet, ne pas oublier que ces assemblées sont les interprètes les plus naturels et les plus légitimes de la commune. Il vous appartient, au reste, de contrôler l'avis du conseil, de vous éclairer par tous les moyens sur le sentiment de la population même. C'est à vous que sont confiés tout à la fois les intérêts de l'instruction primaire, les droits de la minorité, que vous saurez invoquer et défendre. Il ne vous échappera pas qu'une lourde responsabilité s'attache à une décision qui est sans appel.

Je veux aussi appeler votre attention sur certaines délibérations qui contiennent un double vœu. Ces délibérations portent à la fois et sur ce qu'on *a appelé improprement la communalisation d'une école libre, et sur le choix du maître qui en aura la direction.*

Il n'est point possible d'instruire simultanément deux affaires absolument distinctes, et qui sont réglées par des autorités différentes.

La création d'une école publique dans la commune est, après avis du conseil municipal, décidée par le conseil départemental de l'instruction. Ici donc, c'est le conseil départemental qui statue.

Quand il s'agit, au contraire, d'une question d'option, c'est le préfet qui décide après que la procédure ci-dessus indiquée a été suivie.

D'ailleurs, comment serait-il possible qu'un conseil municipal s'occupât d'une question relative à la catégorie de l'instituteur, alors que l'école qui doit être dirigée par cet instituteur n'est pas encore créée !

Voici donc, monsieur le préfet, quelle est la marche à suivre dans une affaire de cette sorte :

1° Création de l'école nouvelle.

Prendre l'avis du conseil départemental et, dans le cas d'une décision affirmative, déférer cette décision à l'approbation du ministre.

Si le ministre approuve, l'école a désormais une existence légale.

2° Choix de la catégorie d'instituteurs.

L'avis du conseil municipal est alors demandé en premier lieu. L'autorité départementale utilise, comme il a été dit plus haut, tous les moyens d'information dont elle dispose pour arriver à connaître le vœu véritable des habitants de la commune. Enfin, le préfet nomme l'instituteur en se conformant aux prescriptions de la loi. (Loi du 15 mars 1850, art. 31. Décret-loi du 9 mars 1852, art. 4 (Loi du 14 juin 1854, art 8.)

Le ministre de l'Instruction publique,
des Cultes et des Beaux-Arts,
A. BARDOUX.

Formules

RELATIVES AUX ÉLECTIONS SÉNATORIALES.

Procès-verbal d'élection du délégué et du suppléant (1).

L'an. . . . . le. . . . . à. . . . heure. . . . . du. . .
le conseil municipal de la commune de. . . . s'est réuni dans le lieu ordinaire de ses séances, sous la présidence de M. . . . . maire.

Etaient présents, messieurs les conseillers municipaux : 1° . . . .
        2° . . . .
        3° . . . .
        4° . . . .
        5° . . . .
        6° . . . .
        7° . . . .
        8° . . . .
        9° . . . .
       10° . . . .
       11°. . . . . etc. . . . . .

(1) Ce procès-verbal doit être transcrit sur le registre des délibérations, et dressé en double expédition dont l'une est affichée à la porte de la mairie et l'autre adressée au préfet.

Absents MM. . . . (*Indiquer s'ils se sont excusés.*)

Le conseil a élu pour secrétaire M. . . .

M. le président a donné lecture :

1° De la loi constitutionnelle du 24 févr. 1875 sur l'organisation du Sénat ;

2° De la loi organique du 2 août 1875 sur les élections des sénateurs ;

3° Du décret du   convoquant les conseils municipaux et fixant la durée du scrutin.

1er *tour de scrutin.*

Il a ensuite invité le conseil à procéder (*sans débat*), au scrutin secret et à la majorité absolue des suffrages, à l'élection d'un délégué.

Chaque conseiller municipal à l'appel de son nom, a écrit son bulletin de vote sur papier blanc, et l'a remis fermé au président.

Le dépouillement du vote a commencé à. . . . . *(Si tous les conseillers sont présents ou excusés, le dépouillement peut commencer immédiatement, sinon le scrutin doit rester ouvert pendant une heure)* il a donné les résultats suivants :

Nombre de bulletins trouvés dans l'urne . . . . . .

A déduire : Bulletins blancs ou ne contenant pas une désignation suffisante, ou dans lesquels les votants se sont fait connaître. . . . . . .

Reste pour le nombre de suffrages exprimés.   . . . . . .

Majorité absolue.   . . . . . .

Ont obtenu M. (*en lettres*) voix (*en chiffres*).

M... — — —
M... — — —
M... — — —
M... — — —

(*S'il y a majorité absolue*) M. . . . . . ayant obtenu la majorité absolue a été proclamé délégué.

Il a déclaré. . . (*Si le candidat est présent mentionner son acceptation ou son refus*) ce mandat.

2ᵉ *tour de scrutin.*

Le second tour a donné les résultats suivants :
Nombre de bulletins trouvés dans l'urne. . . . . . .
A déduire : Bulletins blancs ou ne contenant pas une désignation suffisante, ou dans lesquels les votants se sont fait connaître. . . . . . .

Reste pour le nombre des suffrages exprimés.   . . . . . .

Majorité absolue.   . . . . . .

Ont obtenu M... (*en lettres*) voix (*en chiffres*)

M... — — —
M... — — —
M... — — —

M... ayant obtenu la majorité absolue, a été proclamé délégué.

Il a déclaré ... (*comme ci-dessus*) ce mandat.

3ᵉ *tour de scrutin.* (1)

Le troisième tour de scrutin a donné les résultats suivants :

Nombre de bulletins trouvés dans l'urne. . . . .

Ont obtenu. M. . . (*en lettres*) voix (*en chiffres*)

      M. . .   —   —   —

      M. . .   —   —

      M. . .   —   —   —

Bulletins blancs nuls ou voix perdues . . . .

M. . . . ayant obtenu la pluralité des voix, ou étant le plus âgé de ceux qui ont obtenu la pluralité des voix, a été proclamé délégué.

Il a déclaré . . . . ce mandat.

ÉLECTION DU SUPPLÉANT.

Il a été procédé ensuite dans les mêmes formes, à l'élection du suppléant.

1ᵉʳ *tour de scrutin.*

Le dépouillement du scrutin, qui a suivi immédiatement le dépôt des votes, a donné les résultats suivants :

Nombre de bulletins trouvés dans l'urne. . . . . .

A déduire : Bulletins blancs ou ne contenant pas une législation suffisante, ou dans lesquels les votants se sont fait connaître. . . . . . .

  Reste pour le nombre des suffrages exprimés.

Majorité. . . .

(1) A ce troisième tour la majorité relative suffit. Mais si au premier tour le délégué élu a refusé, il y aurait lieu de faire un quatrième tour pour lequel la majorité relative suffirait.

Ont obtenu M. . . (*en lettres*) voix (*en chiffres*)

M. . .   —   —   —

M. . .   —   —   —

M. . .   —   —   —

M. . . . ayant obtenu la majorité absolue des suffrages, a été proclamé suppléant.

Il a déclaré. . . . accepter ce mandat.

(2ᵉ et 3ᵉ tour de scrutin comme ci-dessus).

OBSERVATIONS ET RÉCLAMATIONS.

(Consigner ici les observations et réclamations qui auraient été présentées au cours de la séance).

La séance a été levée à . . . . heures.

Et ont signé les membres présents.

Le Président,   *Les conseillers municipaux,*

Le secrétaire,

PROCÈS-VERBAL DE NOTIFICATION DE L'ÉLECTION D'UN DÉLÉGUÉ ET DE SON SUPPLÉANT.

Nous, soussigné, (*maire, ou garde-champêtre, ou commissaire de police*) de la commune de . . . nous sommes transporté le . . . . . 18 . . . . au domicile de M. . . . . élu (*délégué ou suppléant*) du conseil municipal de la commune de . . . . . . , , pour les élections sénatoriales ; nous lui avons notifié sa nomination, et l'avons mis en demeure de déclarer s'il entendait accepter ledit mandat.

Nous l'avons, en outre, prévenu que, faute par lui de faire connaître immédiatement son acceptation ou de faire parvenir au préfet (*dans les cinq jours)*, sa réponse, il serait considéré comme non acceptant.

A quoi M. . . . . nous a répondu . . . . et a signé avec nous le présent procès-verbal, dont il lui a été laissé copie.

(Si le délégué est absent, on met à la place de ces lignes.)

M. . . . . . étant absent, nous avons laissé copie de ce procès-verbal à son domicile entre les mains de M. . . . . . . qui a signé avec nous.

Ce procès-verbal doit être immédiatement adressé à la préfecture.

DEMANDE DE L'INDEMNITÉ ACCORDÉE PAR LA LOI
AUX DÉLÉGUÉS SÉNATORIAUX.

Je soussigné, délégué (*ou suppléant*) du conseil municipal de. . . . . dénommé ci-contre, ayant pris part à tous les scrutins ouverts pour l'élection des membres du Sénat, déclare requérir l'indemnité de déplacement allouée par l'article 17 de la loi du 2 août 1875.

A . . . . le . . . . 18 . . . .

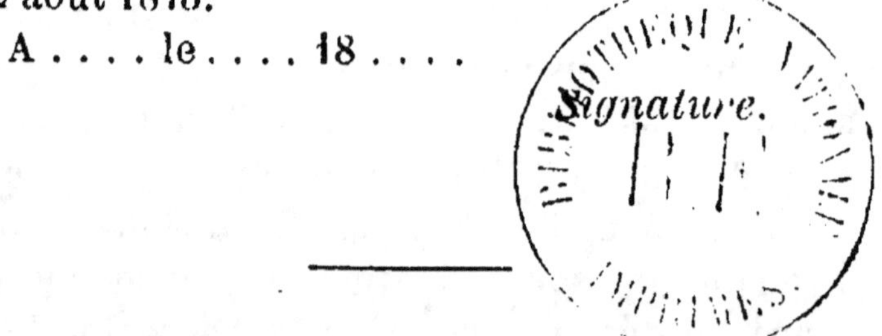

TABLE DES MATIÈRES

DU SECOND VOLUME

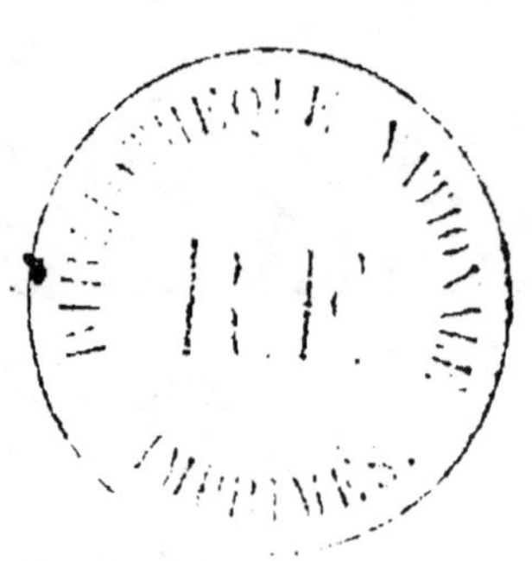

www.ingramcontent.com/pod-product-compliance
Lightning Source LLC
LaVergne TN
LVHW020155030726
842520LV00003B/742